POEMAS CLANDESTINOS

CLANDESTINE POEMS

Roque Dalton

POEMAS CLANDESTINOS

CLANDESTINE POEMS

Roque Dalton

A Translation Project
of the
Roque Dalton Cultural Brigade

Translation by Jack Hirschman
Edited by Barbara Paschke and Eric Weaver

Introduction by Margaret Randall

 SOLIDARITY PUBLICATIONS

Solidarity Publications is a non-profit small press collective dedicated to producing materials by and about the people of Central America. The people of El Salvador, Nicaragua and Guatemala are fighting for their lives and, at the same time, creating new societies based on collectivity rather than competition, creativity rather than consumption. We are committed to making available the story of those people who are making history in the hemisphere we share. Roque Dalton played a vital role in that history, and we are proud to present the first complete English translation of his *Clandestine Poems*. A catalogue of all our materials on Central America is available on request.

The Roque Dalton Cultural Brigade is composed of cultural workers from all media and backgrounds committed to supporting the just struggle of the people of Central America. Our aim is to communicate to the North American public, by way of culture and art, the true social and political situation that is occurring in the countries of Central America. We have also published *Volcán*, a collection of Central American poetry, and *Tomorrow Triumphant*, poems by Otto-René Castillo.

Solidarity Educational Publications, Inc.
P.O. Box 40874
San Francisco, CA 94140

Cover design by Anne Walzer

Distributed in the United Kingdom by:
Third World Publications
151 Stratford Road
Birmingham, B11 1RD

POEMAS CLANDESTINOS

CLANDESTINE POEMS

INDICE

CONTENTS

PENSANDO EN ROQUE

Roque Dalton, quien siempre dijo que su mamá era una salvadoreña pobre muy trabajadora y que su papá era un descendiente de los famosos hermanos Dalton—salidos del impetuoso oeste de los E.E.U.U.—un hombre rico que de una forma u otra se empató con su mamá y pagó por su educación pero nunca vivió con ellos en realidad, nació en San Salvador en 1935. Un par de forros de libros tienen otra fecha . .. pero esta es la verdadera.

Roque fue educado en escuelas jesuitas, asistió a las universidades de Chile y México y se convirtió en miembro del partido comunista de su país a temprana edad. Las fases múltiples de su mente, sus talentos, habilidades, son una combinación de todo eso: precisión jesuita, los mundos cosmopolitas de Chile y México cuando muchos de los problemas que todavía inquietan a latinoamérica salían a la superficie y una entrega profunda de la clase trabajadora al Partido Comunista. Así, como por supuesto la vida cotidiana de su gente, ese particular sentido del humor siempre parte de su vida diaria, su generación—quien fue la primera en tomar las historia de lucha en sus manos y decir "vamos a hacer algo sobre esto." Y lo hicieron.

Conocí a Roque por primera vez en México en 1964. Poetas de algunos países latinoamericanos y de los Estados Unidos estaban reunidos en el parque de Chapultepec enfrascados en lecturas maratónicas con las cuales nos deleitamos y aplaudimos nuestros trabajos mutuamente.

Eramos los poetas en torno a algunas revistas como *El Corno Emplumado* (el cual yo editaba en ese tiempo, junto con el poeta mexicano Sergio Mondragón), *Eco Contemporaneo* (editado en Buenos Aires por Miguel Grinberg), *Pájaro Cascabel* (encabezado por Thelma Nava), *El Techo de la Ballena* (un grupo de Caracas) y otros. Roque llegó a

I

THINKING ABOUT ROQUE

Roque Dalton, who always said his mother was a poor, hard-working Salvadorean woman and his father a descendant of the famous Dalton Brothers—out of the U.S. wild west—a wealthy man who somehow met up with his mother and paid for his schooling but never really lived with them, was born in San Salvador in 1935. A couple of his book jackets have another date . . . but that's the real one.

Roque was educated at Jesuit Schools, attended the Universities of Chile and Mexico, and became a member of his country's Communist Party at a very early age. The multiple facets of his mind, of his talents and skills, are a combination of all that: Jesuit precision, the cosmopolitan Chilean and Mexican worlds when many of the ideas still troubling Latin Americans were surfacing, and the deep working class commitment of a Communist Party. As well, of course, as the street life of his people, the particular humor always a part of his daily life, his generation—which was the first to take a history of struggle in hand and say "we're going to do something about all this." And they did.

I first met Roque in Mexico, in 1964. Poets from some of the Latin American countries and the United States were gathered in Chapultepec Park, engaged in marathon readings where we reveled in and applauded each other's work. We were the poets around such magazines as *El Corno Emplumado* (which I edited at the time, along with Mexican poet Sergio Mondragón), *Eco Contemporaneo* (edited in Buenos Aires by Miguel Grinberg), *Pájaro Cascabel* (headed by Thelma Nava), *El Techo de la Ballena* (a group from Caracas), and others. Roque arrived on the scene fresh from a jail break. He later often laughingly told us he thought he was the only Latin American poet who escaped a CIA firing squad because an earthquake had tumbled the walls

II

la escena recién fugado de la cárcel. Después, a menudo, riéndose él nos decía que pensaba que era el único poeta latinoamericano que había escapado a un pelotón de ejecución de la CIA porque un temblor había destruido los muros de la prisión en la que lo tenían detenido y ese episodio queda reflejado en su (trágicamente) póstuma *Pobrecito poeta que era yo* . . . una novela extraordinaria sobre su generación luchando con la búsqueda por la liberación interna y externa.

Roque significaba realidad para nosotros, en ese México de a mediados de los sesenta. Muchos de nosotros aún pensábamos que la "política quedaba fuera de la esfera del arte." Roque nos hizo ver que no era así. Nos enseñó, entre otras cosas, que el sentido simplista del "realismo socialista," en términos de expresión creativa, no era ni más ni menos que la falta de respeto por el trabajo que hacíamos. Que el arte era vida y que dedicación política (no en el sentido estrecho en que habíamos aprendido a visualizarlo, sino en todo su sentido) era simplemente eso: una dedicación a la vida. Que el arte para ser revolucionario en primer lugar tenía que ser bueno.

Roque y yo nos volvimos a encontrar en 1967 en la Playa Varadero de Cuba. Algunos ochenta poetas de distintas partes del mundo se habían reunido ahí en honor al centenario del natalicio del gran poeta nicaragüense: Rubén Darío. Roque había venido de Praga, donde entonces editaba la *Revista Internacional* del movimiento comunista. Su hijo menor, Jorge, estaba con él. Jorge había sufrido un ataque de pulmonía y necesitaba del sol cubano para reestablecerse. Roque y yo continuámos con el diálogo que habría de ser más importante para mí . . . y a muchos otros que tuvieron la fortuna de contar con él como amigo y hermano.

III

of the prison they were holding him in, an episode that is reflected in his (tragically) posthumous *Pobrecito poeta que era yo (Poor Little Poet, I Was)* . . . an extraordinary novel about his generation's grappling with the search for inner and outer liberation.

Roque was reality to us then, in our Mexico City of the mid-sixties. Many of us still thought that "politics was outside the realm of art." Roque made us see that wasn't so. He taught us, among many other things, that a simplistic sense of "socialist realism", in terms of creative expression, was nothing more nor less than a lack of respect for the work we were doing. That art was life, and that political commitment (not in the narrow sense we had been taught to view it, but in the fullest sense) was simply that: a commitment to life. That art, to be revolutionary in the first place, had to be good.

Roque and I met again in 1967, on Cuba's Varadero Beach. Some 80 poets from different parts of the world had gathered there to honor the 100th anniversary of the great Nicaraguan poet: Rubén Darío. Roque had come from Prague, where he was then editing the Communist Movement's *World Marxist Review.* He had his youngest son, Jorge, with him. Roque and I continued the dialogue that was to become more and more important to me . . . and to so many who were fortunate to count him as friend and brother.

In 1970 Roque, Ernesto Cardenal, Cintio Vitier, Washington Delgado and I formed the Casa de las Americas jury to award their poetry prize. We unanimously selected Carlos María Gutierrez' *Prison Diary* as the winning book. Working with Roque on the jury was another lesson in his deep poetic-political sense.

En 1970 Roque, Ernesto Cardenal, Cintio Vitier, Washington Delgado y yo formamos el jurado para el premio poesía de Casa de las Americas. Unánimemente seleccionamos como libro ganador *Diario de una Prisión* de Carlos María Gutierrez. Trabajando con Roque en el jurado fue otra lección de su profundo sentido poético-político.

Algunos años después, cuando ambos vivíamos en Cuba, le ayudé a pasar a máquina el manuscrito final de *Miguel Marmol,* su clásico sobre la vida de un revolucionario de viejos tiempos de El Salvador, cuya lucha traza todo el movimiento de América Central en su cambio desde los veinte al presente. Roque había visto a Marmol en Praga, cuando este había pasado en camino a un congreso laboral en la Unión Soviética. De regreso por Praga el hombre mayor acordó quedarse y contarle su experiencia a su hermano menor . . . y el resultado es un libro sin el cual ningún entendimiento de lo que pasa en Centroamérica sería completo. *Miguel Marmol* influyó muchísimo en mí—como estoy segura a muchos otros—en la búsqueda de la historia del pueblo por medio de la proyección de sus propias voces.

Para ese entonces Roque había escrito como una docena de libros de poesía . . . desde el temprano *Turno de Ofendido* hasta *Taverna y otros poemas* (que ganó el premio poesía de Casa de las Americas 1967), *El libro rojo para Lenin* (inédito hasta la fecha . . . algunas 800 páginas de análisis poético sobre la lucha ideológica en el continente) y *El amor me cae más mal que la primavera* (un libro de poemas de amor). Sus ensayos políticos eran—y son—importantes a aquéllos de su generación y otras. Su polémica sobre la teoría focoísta sobre la lucha armada, entablada con Regis Debray, era un punto de referencia que preocupaba a muchos en ese entonces.

Some years later, when we both lived in Cuba, I helped him type the final manuscript for *Miguel Marmol,* his classic on the life of an old-time revolutionary from El Salvador, whose struggle traces the whole Central American movement for change from the early twenties to the present. Roque had seen him in Prague, when Marmol came through on his way to a labor congress in the Soviet Union. On his way back through Prague the older man agreed to stay and speak of his experience to his younger brother . . . and the result is a book without which no understanding of what's happening in Central America would be complete. *Miguel Marmol* influenced me a great deal—as I'm sure it has many others—in the search for people's history through the projection of their own voices.

By that time Roque had written some dozen books of poetry . . . from the early *Turno de Ofendido* (Turn of the Offended One), through *Taverna y otros poemas (The Tavern and Other Poems),* which won the 1967 Casa de las Americas poetry prize), *El libro rojo para Lenin (The Red Book for Lenin,* unpublished to date . . . some 800 pages of poetic analysis of ideological struggle on the continent) and *El amor me cae mas mal que la primavera (Love Strikes Me Worse than Spring,* a book of love poems). His political essays were— and are—important to those of his generation and to others. His polemic on the foco theory of armed struggle, engaged in with Regis Debray, was a reference point for what concerned many at that time.

In the last few years of his life Roque worked at founding the People's Revolutionary Army (ERP), an organization in his country which—along with others—initiated this current and final phase in El Salvador's struggle for liberation. His goal, which he fulfilled, was to return to El Salvador . . . and fight. Not that he hadn't been fighting

En los últimos años de su vida Roque trabajó en la fundación del ERP, una organización en su país la cual—junto con otras—inició la actual y fase final en la lucha por la liberación de El Salvador. Su objetivo, el cual logró, fue el de regresar a El Salvador y luchar. No es que no hubiera estado luchando todo este tiempo. Lo estuvo. Pero necesitaba un contexto más inmediato. Y el contexto lo necesitaba a él.

Roque visitó la República Popular Democrática de Corea, asistiendo a un congreso mundial de organizaciones juveniles . . . y escribiendo sobre Revolución y Cultura, desde una perspectiva que nos ayudó a cortar a traves de los muros que nos impedían comprender de que se trataba ese aspecto de los coreanos. También fué a Vietnam. Mi última carta de Roque viene de Hanoi, a mediados de 1973. Estaba trabajando en una fábrica de bicicletas. Nunca olvidaré un párrafo en esa carta, en la cual Roque habla de su conciencia, adquirida en Vietnam, del tipo de sufrimiento y desolación que sería la parcela de sus hermanos y hermanas en Latinoamérica en su difícil búsqueda por la libertad. Vietnam, la experiencia vietnamita, le permitió a Roque ver y sentir realmente esa agonía . . . entender de que se trata.

El sexismo era un problema para Roque. Amaba a las mujeres y tenía cientos de relaciones importantes para él . . . y claramente, asimismo, para las mujeres involucradas. Dejó viuda a Aída, quien no solo era la madre de sus tres hijos, si no también como una hermana en el compromiso político. Pero el duro sexismo centroamericano de Roque no era algo que él simplemente descartaba . . . hacia el final de su vida empezó a comprender su dolór y equivocación y luchó contra eso. Los últimos poemas, particularmente esos escritos bajo el nombre de "Vilma Flores," así lo demuestran.

all along. He had. But he needed the more immediate context. And that context needed him.

Roque visited the People's Democratic Republic of Korea, attending a world youth organization congress there . . . and writing about Revolution and Culture from a perspective that helped us cut through all the walls that prevented us from understanding what the Koreans were all about in that respect. He also went to Vietnam. My last letter from Roque comes from Hanoi, mid 1973. He was working in a bicycle factory. I'll never forget a paragraph in that letter, in which Roque speaks of his consciousness, gained in Vietnam, of the kind of suffering and devastation which would be the lot of his Latin American brothers and sisters in their difficult quest for freedom. Vietnam, the Vietnamese experience, enabled Roque to really see and touch that agony . . . to understand what it's about.

Sexism was a problem for Roque. He loved women, and had hundreds of relationships important to him . . . and clearly to the women involved, as well. He left his widow, Aida, who was not only the mother of his three sons, but a trusted political sister. But Roque's hard Central American sexism was not something he simply tossed off . . . towards the end of his life he began to understand its pain and wrongness, and he struggled with that. The last poems, especially those written in the name of "Vilma Flores", show that to be so.

When Roque went back to El Salvador, underground, at the end of 1974, he did so knowing his role in the struggle would be multiple. He had solid ideas about the direction the struggle should be taking . . . a product of analysis and reevaluation that was always an important part of his life. He also knew he would continue writing poetry, but that he wouldn't be able to do that under his own name. So he invented five poets: a woman and four men whose concerns

Cuando Roque regresó a El Salvador, clandestino, a fines de 1974, lo hizo sabiendo que su papel en la lucha sería múltiple. Tenía ideas sólidas sobre la dirección que debería tomar la lucha. Sus ideas eran el producto del análisis y reevaluación que siempre fueron parte importante de su vida. También sabía que continuaría escribiendo poesía, pero que no podría hacerlo bajo su nombre. Así que inventó a cinco poetas: una mujer y cuatro hombres cuyas preocupaciones y estilos poéticos se dirigían a la situación concreta que él halló en su país. Estos son los *Poemas Clandestinos*, los poemas de Vilma Flores, Timoteo Lúe, Jorge Cruz, Juan Zapata y Luís Luna. Los poemas de Roque Dalton poco antes de su muerte.

Roque fue torturado y eventualmente asesinado . . . por una facción militarista de su propia organización . . . imposible haber sabido o prevenido esa barbarie a tiempo . . . un incidente que, trágicamente, hubo de ser repetido en la más reciente historia de la lucha salvadoreña. Un país que conoció una represión en 1932 costando 30,000 vidas. Un país que ha aguantado—no sin enorme costo humano— la agonía del abuso por la mayor parte de su vida. Un país aparentemente en manos de un puñado de familias . . . y una sucesión de administraciones estadounidenses. Tal vez este tipo de distorción no puede sino producir este tipo de tragedia. Así como la certeza absoluta de una victoria para el pueblo . . . ahora claramente más pronto que antes.

Roque murió el 10 de mayo de 1975 y su asesinato fue acompañado por intentos de oscurecer lo ocurrido con acusaciones de "agente de la CIA," "agente de Cuba" y demás. Pero los asesinos de Roque no estaban en condiciones de medir el poder de sus aún vivientes círculos de energía y amor, brillantez y humor, su talento y enseñanza. Como es a menudo el caso, pudieron matar su

situation he found in his country. These are the *Clandestine Poems,* the poems of Vilma Flores, Timoteo Lúe, Jorge Cruz, Juan Zapata and Luís Luna. The poems of Roque Dalton, just before his death.

Roque was tortured and eventually murdered . . . by a militaristic faction of his own organization . . . impossible for people to know or prevent that barbarism in time . . . an incident that was, tragically, to be repeated in the more recent history of Salvadorean struggle. A country that knew a repression costing 30,000 lives in 1932. A country that has weathered—though not without enormous human cost—the agony of misuse for the better part of its life. A country owned by several dozen families . . . and by a succession of U.S. administrations. Perhaps that kind of distortion cannot help but produce this kind of tragedy. As well as the absolute certainty of people's victory . . . now clearly sooner than later.

Roque died on May 10th, 1975, and his assassination was accompanied by an attempt on the part of his murderers to obscure the event with accusations of "CIA agent," "agent of Cuba," and the rest. But Roque's murderer's were in no position to gage the power of his still living circles of energy and love, his brilliance and humor, his talent and teaching. As is so often the case, they were able to kill his human body, but not his mind, not his poetry, not his clarity of vision, his perception and strength.

Roque wasn't yet forty when he died, but he'd given several lives over to the ongoing struggles of his brothers and sisters in more than one country. It's always been perplexing to me that his work has not been sooner known in the United States. Today, it seems, the effort has been made by more than one translator, lover of poetry, lover of life and small press. Coincidentally with this publication

cuerpo, pero no su mente, no su poesía, no su nitidez de visión, su percepción y fortaleza.

Roque no tenía aún cuarenta años cuando murió, pero había dado varias vidas a las luchas contínuas de sus hermanos y hermanas en más de un país. Siempre me ha desconcertado el que su trabajo no haya sido conocido anteriormente en los Estados Unidos. Hoy, parece ser, el esfuerzo ha sido hecho por más de un/a traductor/a, amante de la poesía y la pequeña imprenta. Coincidente con esta publicación de *Poemas Clandestinos*, Curbstone Press en Wilmantic, Connecticut está sacando una selección de siete libros de Roque. Es cálido y alentador el saber que estas grandes obras pronto serán conocidas por más que amarán y florecerán mediante éstas a través de los Estados Unidos.

Roque tenía un sentido de la vida y la lucha que le permitía reírse de sí mismo, escavar bajo la superficie y extraer las zonas más difíciles de la experiencia humana . . . tocándolas profundamente, explorándolas y proyectandolas en una forma útil y bella. Pertenecía a una generación de poetas centroamericanos—entre ellos Otto-Rene Castillo y Argueles Morales de Guatemala, Ricardo Morales; y Leonel Rugama de Nicaragua, su propio hermano salvadoreño Manlio Argueta—cuyo trabajo combina y hasta cierto punto define una poética visionaria con una política visionaria.

—*Margaret Randall*
Berkeley, California
November, 1983.

XI

of *The Clandestine Poems*, Curbstone Press in Wilmantic, Connecticut is bringing out a book which is a selection from seven of Roque's works. It is warming and energizing to know that these great works will soon be known by more who will love and thrive on it throughout the United States.

Roque had a sense of life and struggle that enabled him to laugh at himself, dig beneath the surface and bring up the most difficult areas of human experience . . . touching them deeply, exploring them, and projecting them in a way both useful and beautiful. He belonged to a generation of Central American poets—among them Guatemala's Otto-René Castillo and Arqueles Morales, Nicaragua's Ricardo Morales and Leonel Rugama, his own Salvadorean brother Manlio Argueta—whose work combines and, to a certain extent defines, a visionary poetic with a visionary politics.

> —*Margaret Randall*
> *Berkeley, California*
> *November, 1983.*

POEMAS
CLANDES-
TINOS
CLANDESTINE
POEMS

Como Declaración de Principios

Sea cual sea su calidad, su nivel, su finura, su capacidad creadora,
su éxito, el poeta para la burguesía sólo puede ser:
> *SIRVIENTE*
> *PAYASO o*
> *ENEMIGO*

El páyaso es un sirviente "independiente" que nada maneja mejor
que los límites de su propia "libertad" y que un día llegará a enrostrarle
al pueblo el argumento de que la burguesía "sí tiene sensibilidad." El
sirviente propiamente dicho puede tener librea de lacayo o de ministro
o de representante cultural en el extranjero, e inclusive pijama de seda
para entrar en la cama de la distinguidísima señora.

El poeta enemigo es ante todo el poeta enemigo. El que reclama su
pago, no en halagos ni en dólares sino in persecuciones, cárceles,
balazos. Y no sólo va a carecer de librea y de frac y de trajes de noche,
sino que se va a ir quedando cada día con menos cosas, hasta tener
tan sólo un par de camisas remendadas, pero limpias como la única
poesía.

Parafraseando a Althusser, diremos que él que "instruido por la
realidad aplastante y los mecanismos ideológicos dominantes, en
constante lucha contra ellos, capaz de emplear en su práctica
poética—contra todos las "verdades oficiales"—las fecundas vías
abiertas por Marx (prohibidas y obstruidas por todos los prejuicios
reinantes), el poeta enemigo, no puede ni pensar en realizar su tarea,
de naturaleza tan compleja y requerida de tanto rigor, sin una confianza
invencible y lúcida en la clase obrera y sin una participación directa
en su combate.

LOS AUTORES*

* En verdad, "los autores," es únicamente Roque Dalton quien para disfrazar con diferentes seudónimos, los cuales se han conservado en esta edición: Vilma Flores, Timoteo Lúe, Jorge Cruz, Juan Zapata y Luís Luna.

Declaration of Principles

Whatever his quality, his stature, his finesse, his creative capacity, his success, the poet can only be to the bourgeoisie:

SERVANT
CLOWN or
ENEMY

The clown is an "independent" servant who manages nothing better than the limits of his own "liberty" and who one day will confront the people with the argument that the bourgeoisie "really has sensitivity." He who is really a servant can wear the uniform of lackey or minister or cultural representative abroad, including silk pajamas for entering the bed of the most distinguished lady.

The enemy poet is above all else the enemy poet. He who claims his wages not in flattery or dollars but in persecutions, prisons, bullets. And not only does he lack a uniform or tails or a suit, but every day he ends up with fewer things until the only thing he has is a pair of patched shirts but clean as unparallelled poetry.

Paraphrasing Althusser, let's say of him that "Instructed by crushing reality and the dominant ideological mechanisms, in constant struggle against them, able to use in his poetic discipline—against all 'official truths'—the fertile paths opened by Marx (forbidden and obstructed by all the reigning prejudices), the enemy poet cannot even think of accomplishing his task, of such a complex nature and requiring such rigor, without a lucid and invincible confidence in the working class and without direct participation in its struggle."

THE AUTHORS[*]

[*] In truth "the authors" are only Roque Dalton who disguised himself with different pseudonyms that have been preserved in this edition: Vilma Flores, Timoteo Lúe, Jorge Cruz, Juan Zapata, and Luís Luna.

3

TODOS SON POEMAS DE AMOR

VILMA FLORES

Fue primero estudiante de Derecho pero abandonó su carrera para trabajar en una fábrica textil y poder participar en la organización de la clase obrera de manera total. Nació en San Salvador, en 1945.

ALL ARE POEMS OF LOVE

VILMA FLORES

Was first a law student but abandoned her career to work in a textile factory, and above all, to be able to participate in organizing the working class. She was born in San Salvador in 1945.

Sobre Nuestra Moral Poética

No confundir, somos poetas que escribimos
desde la clandestinidad en que vivimos.

No somos, pues, cómodos e impunes anonimistas:
de cara estamos contra el enemigo
y cabalgamos muy cerca de él, en la misma pista.

Y al sistema y a los hombres
que atacamos desde nuestra poesía
con nuestra vida les damos la oportunidad de que se cobren,
día tras día.

On Our Poetic Moral

Don't be mistaken, we're poets who write
from the clandestinity in which we live.

So we're not comfortable and unpunished anonymists:
we confront the enemy directly
and ride very close to him on the same track.

And we give the system and the men
we attack—with our poetry
with our lives—the opportunity to get back at us
day after day.

Poeticus Eficacciae

Podréis juzgar
la catadura moral de un régimen político,
de una institución política
de un hombre político,
por el grado de peligrosidad que otorguen
al hecho de ser observados
por los ojos de un poeta satírico.

Poeticus Eficacciae

You can judge
the moral fiber of a political regime,
a political institution
a political man,
by the degree of danger they consent to
by way of being observed
through the eyes of a satirical poet.

Sobre la Plusvalía o
el Patrón Le Roba a Dos en Cada Obrero

Los oficios domésticos de la mujer
le crean al hombre el tiempo
para el trabajo socialmente necesario
que no se le paga completo
(la mayor parte de su valor
se la roba el capitalista)
sino sólo lo suficiente
para que viva y pueda
seguir trabajando,
pago con el cual
el hombre vuelve a la casa
y le dice a la mujer
    ái que vea cómo hace
para que le alcance
en la tarea de cubrir todos los gastos
de los oficios domésticos.

On the Profit Margin or the Boss Robs Every Worker Twice Over

The woman's domestic functions
create time for the man
for socially necessary work
that he doesn't get fully paid for,
(the capitalist himself robs him of
the better part of his value)
just enough
to live on and be able
to continue working
pay with which
the man returns home
and mutters to his woman
     Oh well, see what you can do to manage
to have enough
to cover all the expenses
of domestic functions.

Tercer Poema de Amor

A quienes te digan que nuestro amor es extraordinario
porque ha nacido de circunstancias extraordinarias
diles que precisamente luchamos
para que un amor como el nuestro
(amor entre compañeros de combate)
llegue a ser en El Salvador
el amor más común y corriente,
casi el único.

Third Poem of Love

Whoever tells you our love is extraordinary
because it was born of extraordinary circumstances
tell them we're struggling precisely
so that a love like ours
(a love among comrades in combat)
becomes
the most ordinary and common
almost the only
love in El Salvador.

Estadísticas sobre la Libertad

La libertad de prensa del pueblo salvadoreño
vale 20 centavos diarios por cabeza
contando sólo a los que saben leer
y tienen más de viente centavos que les sobren
después de haber alcanzado a medio comer.

La libertad de prensa de los grandes
comerciantes industriales y publicistas
se cotiza a mil y pico de pesos por página en negro y blanco
y a no sé cuanto la pulgada cuadrada
de texto o ilustración.

La libertad de prensa
de Don Napoleón Viera Altamirano
y los Dutriz y los Pinto y los dueños de El Mundo
vale varios millones de dólares:
lo que valen los edificios
construídos con criterio militar
lo que valen las máquinas y el papel y las tintas
las inversiones financieras de sus empresas
lo que reciben día a día de los grandes
comerciantes industriales y publicistas
y del gobierno y de la Embajada Norteamericana y
de otras embajadas
lo que extraen de la explotación de sus trabajadores
lo que sacan del chantaje ("Por no publicar
la denuncia contra el distinguidísimo caballero
o por publicar oportunísimamente el secreto
que hundirá al pez más chico en la arena del fondo")
lo que ganan en concepto de derechos sobre
"exclusividades" por ejemplo

Statistics on Freedom

Freedom of the press for Salvadoran people
costs 20 centavos a day
counting only those who can read
and have more than 20 centavos left over
after eating barely enough to stay alive.

Freedom of the press for the big
industrial merchants and publicists
sells for thousands and change for a black and white page
and I don't know how much for a square inch
of text or illustration.

Freedom of the press
for Don Napoleón Viera Altamirano
and Dutriz and Pinto and the owners of El Mundo
is worth millions:
Which includes buildings
constructed on military principles
which includes machines and paper and ink
the financial investments of their enterprises
which day by day they receive from the big
industrial merchants and publicists
and from the government and the North American and
other embassies
which they extract by exploitation of their workers
which they extort by blackmail ("by not printing
the denunciation of that most distinguished gentleman
or by opportunistically printing the secret
that will sink the smallest fish in the sea")
which they earn from a concept of
"exclusive rights," for example

toallas Amor es . . . . . Estatuas Amor es . . . . .
lo que recaudan diariamente
de todos los salvadoreños (y guatemaltecos)
que tienen 20 centavos disponibles.

Dentro de la lógica capitalista
la libertad de prensa es simplemente otra mercancía
y de su totalidad
a cada quien le toca según paga por ella:
al pueblo veinte centavos diarios por cabeza de libertad de

                                                            prensa

a los Viera Altamirano Dutriz Pinto y etcéteras
millones de dólares diarios por cabeza
de libertad de prensa.

"LOVE IS" towels . . . "LOVE IS" figurines . . .
which they collect daily
from all Salvadoreans (and Guatemalans)
who have the available 20 centavos.

In capitalist logic
freedom of the press is simply another business
and its value to each
is in proportion to what one pays for it:
for the people 20 centavos a head a day
for the freedom of the press,
for Viera Altamirano Dutriz Pinto, etc.
millions of dollars a head a day
for freedom of the press.

Para un Mejor Amor

"El sexo es una categoría política."—Kate Millet

Nadie discute que el sexo
es una categoría en el mundo de la pareja:
de ahí la ternura y sus ramas salvajes.

Nadie discute que el sexo
es una categoría familiar:
de ahí los hijos,
las noches en común
y los días divididos
(él, buscando el pan en la calle,
en las oficinas o en las fábricas;
ella, en la retaguardia de los oficios domésticos,
en la estrategia y la táctica de la cocina
que permitan sobrevivir en la batalla común
siquiera hasta el fin del mes).

Nadie discute que el sexo
es una categoría económica:
basta mencionar la prostitución,
las modas,
las secciones de los diarios que sólo son para ella
o sólo son para él.

Donde empiezan los líos
es a partir de que una mujer dice
que el sexo es una categoría política.

Porque cuando una mujer dice
que el sexo es una categoría política
puede comenzar a dejar de ser mujer en sí

Toward A Better Love

"Sex is a political condition." —Kate Millet

No one disputes that sex
is a condition in the world of the couple:
from there, tenderness and its wild branches.

No one disputes that sex
is a domestic condition:
from there, kids,
nights in common
and days divided
(he, looking for bread in the street,
in offices or factories;
she, in the rear-guard of domestic functions,
in the strategy and tactic of the kitchen
that allows survival in a common struggle
at least to the end of the month).

No one disputes that sex
is an economic condition:
it's enough to mention prostitution,
fashion,
the sections in the dailies that are only for her
or only for him.

Where the hassles begin
is when a woman says
sex is a political condition.

Because when a woman says
sex is a political condition
she can begin to stop being just a woman in herself

para convertirse en mujer para sí,
constituir a la mujer en mujer
a partir de su humanidad
y no de su sexo,
saber que el desodorante mágico con sabor a limón
y jabón que acaricia voluptuosamente su piel
son fabricados por la misma empresa que fabrica el napalm
saber que las labores propias del hogar
son las labores propias de la clase social a que pertenece ese
                                                          hogar,

que la diferencia de sexos
brilla mucho mejor en la profunda noche amorosa
cuando se conocen todos esos secretos
que nos mantenían enmascarados y ajenos.

in order to become a woman for herself,
establishing the woman in woman
from the basis of her humanity
and not of her sex,
knowing that the magic deodorant with a hint of lemon
and soap that voluptuously caresses her skin
are made by the same manufacturer that makes napalm
knowing the labors of the home themselves
are labors of a social class to which that home belongs,
that the difference between the sexes
burns much better in the loving depth of night
when all those secrets that kept us
masked and alien are revealed.

Los Policías y los Guardias

Siempre vieron al pueblo
como un montón de espaldas que corrían para allá
como un campo para dejar caer con odio los garrotes.

Siempre vieron al pueblo con el ojo de afinar la puntería
y entre el pueblo y el ojo
la mira de la pistola o la del fusil.

(Un día ellos también fueron pueblo
pero con la excusa del hambre y del desempleo
aceptaron un arma
un garrote y un sueldo mensual
para defender a los hambreados y a los desempleadores.)

Siempre vieron al pueblo aguantando
sudando
vociferando
levantando carteles
levantando los puños
y cuando más diciéndoles:
"Chuchos hijos de puta el día les va a llegar."
(Y cada día que pasaba
ellos creían que habían hecho el gran negocio
al traicionar al pueblo del que nacieron:
"El pueblo es un montón de débiles y pendejos—pensaban—
qué bien hicimos al pasarnos del lado de los vivos y de los
                                                        fuertes").

Y entonces era de apretar el gatillo
y las balas iban de la orilla de los policías y los guardias
contra la orilla del pueblo

The Cops and the Guards

They always saw the people
as a mass of backs running away
as a field on which their clubs fell with hatred.

They always saw the people with an eye on sharpening their
aim

and between the people and their eye
the sight of a pistol or a rifle.

(They too were once people
but with the excuse of hunger and unemployment
they accepted a weapon a club and a monthly salary
to defend the makers of hunger and unemployment.)

They always saw the people enduring
sweating
shouting
raising placards
raising fists
and what's more telling them:
"Dogs sons of whores, your day will come.
(And with every passing day
they figured they'd done a great thing
betraying the people they were born of:
"The people are a mass of cripples and fools they thought—
it's great we've gone over to the side of the clever and
strong").

And then the trigger was squeezed
and bullets went from the side of the cops and guards
to the side of the people

23

así iban siempre
de allá para acá
y el pueblo caía desangrándose
semana tras semana año tras año
quebrantado de huesos
lloraba por los ojos de las mujeres y los niños
huía espantado
dejaba de ser pueblo para ser tropel en guinda
desaparecía en forma de cada quién que se salvó para su casa
y luego nada más
sólo que los Bomberos lavaban la sangre de las calles.

(Los coroneles los acababan de convencer:
"Eso es muchachos—les decían—
duro y a la cabeza con los civiles
fuego con el populacho
ustedes también son pilares uniformados de la Nación
sacerdotes de primera fila
en el culto a la bandera el escudo el himno los próceres
la democracia representativa el partido oficial y el mundo
                                                              libre
cuyos sacrificios no olvidará la gente decente de este país
aunque por hoy no les podamos subir el sueldo
como desde luego es nuestro deseo").
Siempre vieron al pueblo
crispado en el cuarto de las torturas
colgado
apaleado
fracturado
tumefacto
asfixiado
violado
pinchado con agujas en los oídos y los ojos
electrificado
ahogado en orines y mierda

they always went that way
from there to here
and the people fell bleeding
week after week year after year
broken-boned
they wept through the eyes of the women and children
fleeing in terror
ceasing to be a people to become a fleeing mob
disappearing every man for himself to his house
and then there was nothing left
but the fireman hosing the blood off the streets.

(The colonels finished up by convincing them:
"That's the way it is, guys—they said—
hard and to the heads of the civilians
fire on the rabble
you are uniformed pillars of the Nation
priests of the first rank
in the cult of the flag the shield the hymn the Fathers
representative democracy the official party the free world
whose sacrifices the decent people of this land won't forget
though we can't give you a raise today
    though of course we'd like to").
They always saw the people
convulsive in the torture chamber
hanged
beaten
broken
swollen
asphyxiated
raped
ears and eyes pricked with needles
electrified
drowned in piss and shit

escupido
arrastrado
echando espumitas de humo sus últimos restos
en el infierno de la cal viva.

(Cuando resultó muerto el décimo Guardia Nacional.
                              Muerto por el pueblo
y el quinto cuilio bien despeinado por la guerrilla urbana
los cuilios y los Guardias Nacionales comenzaron a pensar
sobre todo porque los coroneles ya cambiaron de tono
y hoy de cada fracaso le echan la culpa
a "los elementos de tropa tan muelas que tenemos").

El hecho es que los Policías y los Guardias
siempre vieron al pueblo de allá para acá
y las balas sólo caminaban de allá para acá.
Que lo piensen mucho
que ellos mismos decidan si es demasiado tarde
para buscar la orilla del pueblo
y disparar desde allí
codo a codo junto a nosotros.

Que lo piensen mucho
pero entre tanto
que no se muestren sorprendidos
ni mucho menos pongan cara de ofendidos
hoy que ya algunas balas
comienzan a llegarles desde este lado
donde sigue estando el mismo pueblo de siempre
sólo que a estas alturas ya viene de pecho
y traé cada vez más fusiles.

spit-upon
degraded
their last remains giving off little froths of smoke
in a hell of quicklime.

(When the tenth National Guard was found dead, killed by
                                        the people
and the fifth cop was roughed up by the urban guerrilla
the cops and the National Guard began to think,
especially because the colonels had already changed their tune
and laid the guilt for today's failure
on "these rotten troop recruits we have").

The fact is the cops and the guards
always saw the people from there to here
and the bullets only traveled from there to here.
Let them think about that a while
let them decide whether it's too late
to seek the people's side
and shoot from there shoulder to shoulder with us.

Let them think about that a bit but meanwhile
they shouldn't be surprised
let alone offended
now that some bullets
have begun to reach them from this side
where it's still the same people as always
except now with their heads held high
and with more rifles all the time.

POEMAS SENCILLOS

TIMOTEO LUE

Estudiante de Derecho. Nacido en Suchitoto en 1950.

SIMPLE POEMS

TIMOTEO LUE

Student of law. Born in Suchitoto in 1950.

A la Poesía

Agradecido te saludo poesía
porque hoy al encontrarte
(en la vida y en los libros)
ya no eres sólo para el deslumbramiento
gran aderezo de la melancolía.

Hoy también puedes mejorarme
ayudarme a servir
en esta larga y dura lucha del pueblo

Ahora estás en tu lugar:
no eres ya la alternativa espléndida
que me apartaba de mi propio lugar

Y sigues siendo bella
compañera poesía
entre las bellas armas reales que brillan bajo el sol
entre mis manos o sobre mi espalda

Sigues brillando
junto a mi corazón que no te ha traicionando nunca
en las ciudades y los montes de mi país
de mi país que se levanta
desde la pequeñez y el olvido
para finalizar su vieja pre-historia
de dolor y de sangre.

To Poetry

I welcome you poetry
grateful because meeting you today
(in life and in books)
you don't exist merely for the dazzling
great adornment of melancholy.

Moreover you can improve me today
by helping me serve in
this long and difficult struggle of our people

Now you are in your element:
no longer the splendid alternative
that divided me from my own place

And you keep on being beautiful
comrade poetry
among beautiful real arms burning under the sun
between my hands and upon my shoulder

You keep burning close
to my heart, which has never betrayed you
in the cities and mountains of my land
a land that lifts itself
from smallness and oblivion
to finalize its old pre-history
of grief and blood.

Recuerdo y Preguntas

Aquí en la Universidad
mientras escucho un discurso del rector
(en cada puerta hay policías grises
dando su aporte a la cultura),
asqueado hasta la palidez, recuerdo
la triste paz de mi pobreza natal,
la dulce lentitud con que se muere en mi pueblo.

Mi padre está esperando allá.
Yo vine a estudiar
la arquitectura de la justicia,
la anatomía de la razón,
a buscar las respuestas
para el enorme desamparo y la sed.

Oh noche de luces falsas,
oropeles hechos de oscuridad:
¿Hacia dónde debo huir
que no sea mi propia alma,
el alma que quería ser bandera en el retorno
y que ahora quieren transformarme en trapo vil
en este templo de mercaderes?

Memory and Questions

While I'm listening to a rector's talk
here in the university
(grey cops are at every door
contributing to the culture),
nauseous till I'm pale, I remember
the sad peace of my native poverty,
the sweet sluggishness with which everything dies in my town.

My father is waiting there .
I came to study
the architecture of justice,
the anatomy of reason,
looking for answers
to the enormous helplessness and thirst.

Oh night of fake lights,
glitter made of obscurity:
where should I run
other than to my own soul,
the soul that wanted to be a flag returning
and which they want to transform into a despicable rag
in this temple of merchants?

Arte Poética 1974

Poesía
Perdóname por haberte ayudado a comprender
que no estás hecha sólo de palabras.

Poetic Art 1974

Poetry
Forgive me for having helped you understand
you're not made of words alone.

Como la Siempreviva

Mi poesía
es como la siempreviva
paga su precio
a la existencia
en término de asperidad.

Entre las piedras y el fuego,
frente a la tempestad
o en medio de la sequía,
por sobre las banderas
del odio necesario
y el hermosísimo empuje
de la cólera,
la flor de mi poesía busca siempre
el aire,
el humus,
la savia,
el sol,
de la ternura.

Like the Everlasting

My poetry's
like the everlasting
paying for its price
to life
in rough-edged terms.

Among the rocks and the gunfire,
facing a storm
or in the midst of drought,
above flags
of necessary hatred
and the most beautiful rush
of rage,
the flower of my poems always looks for the
air,
humus,
sap,
sunlight
of tenderness.

Como Tú

Yo, como tu,
amo el amor, la vida, el dulce encanto
de las cosas, el paisaje
celeste de los días de enero.

También mi sangre bulle
y río por los ojos
que han conocido el brote de las lágrimas.

Creo que el mundo es bello,
que la poesía es como el pan, de todos.

Y que mis venas no terminan en mí
sino en la sangre unánime
de los que luchan por la vida,
el amor,
las cosas,
el paisaje y el pan,
la poesía de todos.

Like You

Like you I
love love, life, the sweet smell
of things, the sky-blue
landscape of January days.

And my blood boils up
and I laugh through eyes
that have known the buds of tears.

I believe the world is beautiful
and that poetry, like bread, is for everyone.

And that my veins don't end in me
but in the unanimous blood
of those who struggle for life,
love,
little things,
landscape and bread,
the poetry of everyone.

Vida, Oficios

Insoslayable para la vida,
la nueva vida me amanece: es un pequeño
sol con raíces que habré de regar mucho
e impulsar a que juegue
su propio ataque contra la cizaña.
Pequeño y pobre pan de la solidaridad,
bandera contra el frío, agua fresca para la sangre:
elementos maternos que no deben alejarse
del corazón.
Y contra la melancolía, la confianza; contra
la desesperación,
la voz del pueblo
vibrando en las ventanas de esta casa secreta.
Descubrir,
descifrar,
articular,
poner en marcha:
viejos oficios de los libertadores y los mártires
que ahora son nuestras obligaciones
y que andan por allí contándonos los pasos:
del desayuno al sueño,
del sigilo en sigilo,
de acción en acción,
de vida en vida.

Life, Works

Inevitable in life,
the new life dawns in me: a small
sun with roots that I will have to water deeply
and push to fight their own battle
against the weeds.
Small and poor bread of solidarity,
flag against the cold, fresh water for the blood:
maternal elements that mustn't withdraw
from the heart.
And against melancholy, faith; against
desperation,
the people's voice
vibrating in the windows of this secret house.
Discovering,
deciphering,
articulating,
setting in motion:
the old works of liberators and màrtyrs
that are our obligations now
and that walk around counting our steps:
from breakfast to sleep,
from secret to secret,
from action to action,
from life to life.

POEMAS PARA SALVAR A CRISTO

JORGE CRUZ

Nació en San Miguel en 1939. Fue dirigente católico universitario y posteriormente asesor jurídico voluntario del movimiento obrero católico. Habiendo renunciado a su carrera universitaria dedica por completo su tiempo en la actualidad a la labor de concientización cristiana-revolucionaria entre los trabajadores rurales. Ha escrito un extenso análisis de la obra de Paulo Freire y ha publicado en edición clandestina "Oda Solidaria a Camilo Torres" (1972).

POEMS TO SAVE CHRIST

JORGE CRUZ

Born in San Miguel in 1939. He was a Catholic University student leader and subsequently a volunteer legal advisor to the Catholic Worker movement. Having renounced his university career, he dedicates all his time to the work of Christian-revolutionary conscience among rural workers. Has written an extensive analysis of the work of Paulo Freire and published an underground edition of "Solidarity Ode to Camilo Torres" (1972).

Atalaya

Una religión que te dice que sólo hay que mirar hacia arriba
y que en la vida terrenal todo es bajeza y ruindad
que no debe ser mirado con atención
es la mejor garantía para que tropieces a cada paso
y te rompas los dientes y el alma
contra las piedras rotundamente terrenales.

Watchtower

A religion that tells you there's only pie in the sky
and all earthly life is lousy and vicious
and that you shouldn't be too concerned
is the best guarantee you'll stumble at every step
and break your teeth and soul
against absolutely earthly rocks.

Sobre el Negocio Bíblico

Dice la Biblia
que Cristo multiplicó para el pueblo
el pan y los peces.

Si lo hizo, hizo bien,
y eso lo hace más grande que un gran general
que ganara mil batallas donde murieron millones de pobres.

Pero en la actualidad los norteamericanos
para evitar que el pan y los peces se multipliquen
y todo el mundo soporte con resignación
el hambre multiplicada que es parte del gran negocio,
multiplican la producción de Biblias
en todos los idiomas que hablamos los pobres
y nos las envían en manos de jóvenes rubios
que han sido minuciosamente adiestrados por sus Generales.

On Biblical Business

The Bible says
Christ multiplied bread
and fish for the people.

If that's so, he did well
and that makes him greater than a great general
who wins a thousand battles in which millions of poor people die.

But at present the North Americans,
to see that bread and fish don't multiply
and that everyone suffers in resignation
the multiplied hunger that's part of big business,
step up production of Bibles
in all the dialects we poor speak
and ship them to us in the hands of blond young men
who've been thoroughly trained by their generals.

Credo del Ché

El Ché Jesucristo
fue hecho prisionero
después de concluir su sermón en la montaña
(con fondo de tableteo de ametralladoras)
por rangers bolivianos y judíos
comandados por jefes yankees-romanos.

Lo condenaron los escribas y fariseos revisionistas
cuyo portavoz fue Caifás Monje
mientras Poncio Barrientos trataba de lavarse las manos
hablando en inglés militar
sobre las espaldas del pueblo que mascaba hojas de coca
sin siquiera tener la alternativa de un Barrabás
(Judas Iscariote fue de los que desertaron de la guerrilla
y enseñaron el camino a los rangers)

Después le colocaron a Cristo Guevara
una corona de espinas y una túnica de loco
y le colgaron un rótulo del pescuezo en son de burla
INRI: Instigador Natural de la Rebelión de los Infelices

Luego lo hicieron cargar su cruz encima de su asma
y lo crucificaron con ráfagas de M-2
y le cortaron la cabeza y las manos
y quemaron todo lo demás para que la ceniza
desapareciera con el viento

En vista de lo cual no le ha quedado al Ché otro camino
que el de resucitar
y quedarse a la izquierda de los hombres

Credo of Ché

Ché Jesus Christ
was taken prisoner
after finishing his sermon on the mountain
(to a background of rattling machine guns)
by Bolivian and Jewish rangers
commanded by Yankee-Roman chiefs

Revisionist scribes and pharisees condemned him
Caiphas Monje was their mouthpiece
while Pontius Barrientos tried washing his hands
speaking in military English
on the backs of people chewing coco leaves
without even having the alternative of a Barrabas
(Judas Iscariot was one of those who deserted the guerrilla
and pointed out their trail to the rangers)

Then they put a crown of thorns
and a madman's smock on Christ Guevara
and amid jeers, hung a sign from his neck—
INRI: Instigator of the Natural Rebellion of the Impoverished

Then they made him carry his cross in addition to his asthma
and they crucified him with M-2 bursts
and they cut off his head and hands
and they burned the rest so that the ash
would disappear with the wind

In view of which no other path remains for Ché
than to rise from the dead
and sit on the left hand of the people

exigiéndoles que apresuren el paso
por los siglos de los siglos
Amén.

exhorting them to step up the pace
for centuries and centuries
Amen.

Variaciones Sobre una Frase de Cristo

*"Dad a Dios lo que es de Dios
y al César lo que es de César."*

I

Dad a Dios lo que es de Dios
y al gobierno fascista del Presidente Molina
lo que es del gobierno fascista del Pdte. Molina.

Yo no pretendo saber desde mi pequeñez
todo lo que es de Dios

Pero sí estoy seguro de lo que debemos dar
al gobierno fascista del Presidente Molina.

II

Dad a Dios lo que es de Dios
y al gobierno de los ricos
lo que es del gobierno de los ricos.
Pero,
¿qué más vamos a darle al gobierno de los ricos
si con ayuda de su gobierno los ricos ya acabaron
de quitárnoslo todo?

Variations on a Phrase by Christ

*"Render unto God that which is God's
and to Caesar that which is Caesar's."*

I

Render unto God that which is God's
and to the fascist government of President Molina
that which the fascist government of President Molina
                                        deserves.

I don't pretend to know, since my infancy,
everything that is God's

But I'm sure about what we must give
the fascist government of President Molina.

II

Give unto God that which is God's
and to the government of the rich
that which belongs to the government of the rich.
But,
what more can we give the government of the rich
if with the help of its government the rich have already
                                        finished

ripping us off for everything?

Dos Religiones

Cuando en el horizonte se perfila la revolución
se alborota el viejo caldero de las religiones.

En épocas normales
la religión era ir a misa,
pagar diezmos a la casa de Dios,
bautizar a los hijos
y confesar los pecados para arreglar cuentas con uno mismo.

Cuando en el horizonte se perfila la revolución
las iglesias recuerdan a las masas,
bajan a ellas desde las nubes y los misterios
y desde la tranquilidad dominical.

Los pastores cachetones hablan del fin del mundo
cuando lo que se acerca es el fin de la explotación;
los profetas histéricos hablan de definirse entre el Bien y el Mal
cuando el pueblo necesita definirse
contra la opresión y el hambre.

Cuando la revolución social comienza a desplegar sus banderas
los herederos de quienes crucificaron a Cristo
nos dicen que Cristo es la única esperanza
y precisamente porque nos espera
allá en su Reino, que no es de este mundo.

Esta es la religión que fue señalada por Marx
como "opio de los pueblos"
ya que en esa forma es una droga más para tupir la cabeza de
                                        los hombres
e impedirles encontrar su camino en la lucha social.

Two Religions

When revolution is outlined on the horizon
the old cauldron of religions gets stirred up.

In normal times
religion meant going to Mass
paying tithes for God's house
baptizing children
and confessing sins to keep one's account in order .

When revolution is outlined on the horizon
churches remember the masses
and come down from the clouds and mysteries
and Sunday tranquility.

Fat pastors speak of the end of the world
when what's approaching is the end of exploitation;
hysteric prophets speak of deciding between Good and Evil
when the people need to decide
against oppression and hunger.

When social revolution begins to unfurl its flags
the heirs of those who crucified Christ
tell us Christ is the only hope
precisely because he waits for us
there in his kingdom, that is not of this world.

This is the religion pointed to by Marx
as "the opium of the people"
since in that form it's more a drug for confusing the heads of men
and hindering them from finding their calling in the social struggle.

Pero Camilo Torres, entre otros,
nos dejó dicho que también hay una religión positiva
que surge del alma de la revolución
a la manera de los poemas y los cánticos,
y que se juega la vida en este mundo
y no hasta después de la muerte.
En esta religión militan hombres que son
(como los verdaderos comunistas)
la sal de la tierra.

But Camilo Torres, among others,
has told us there is a positive religion too
that surges from the soul of revolution
by way of poems and songs,
and that one risks one's life in this world
and not after death.
In this religion men who serve are
(like true communists)
the salt of the earth.

Victoria Divina

Esto de los Testigos de Jehová
está superjodido
porque después vendrán
los jueces de Jehová
los fiscales de Jehová
los cuilios de Jehová
los Guardias Naciones de Jehová
y nos tomarán entre todos
la declaración extrajudicial de Jehová

Para no hablar todavía
del CONDECA de Jehová
y luego los marines de Jehová
y los bombardeos estratégicos de Jehová
más conocidos con el nombre de
Armagedón.

Divine Victory

This Jehovah's Witness stuff
is super fucked up
because later on
the Jehovah's judges
the Jehovah's lawyers
the Jehovah's cops
and the Jehovah's National Guard
will come
and exact from us
Jehovah's extra-legal oath

Not to mention Jehovah's CONDECA
and the Jehova's marines
and the Jehova's strategic bombers
better known as
Armageddon.

Un Obrero Salvadoreño Piensa Sobre el Famoso Caso del Externado de San José

La Iglesia Católica, históricamente,
es una institución feudal-burguesa.

Estamos en el período de transición
del capitalismo al socialismo
y la Iglesia Católica trata de ponerse al día.

El marxismo-leninismo es,
además de la teoría de la revolución proletaria
y otras cosas por el estilo,
la ciencia de la Historia del proletariado.

El Externado de San José es,
"ad majoren Dei gloriam,"
el gran colegio católico de la burguesía salvadoreña.

El Externado de San José
incluyó en su programa de sociología
algunos aspectos del marxismo
(como "vacuna saludable" y no como "portador de la
                                        enfermedad").

Los feudal-burgueses-colonizados más atrasados de El Salvador
gritan que el Externado de San José indoctrina a sus hijitos
en el comunismo.

Se arma una bulla terrible en los diarios y la TV
e interviene la Fiscalía General de la República
y el Presidente de la República de turno
y hablan de la bandera y de los próceres de la República

A Salvadorean Worker Thinks About the Famous Case of San Jose College

The Catholic Church, historically,
is a feudal-bourgeois institution.

We are in the transition period
from capitalism to socialism
and the Catholic Church is trying to catch up.

Marxism–Leninism is,
besides being the theory of the proletarian revolution
and other things like that,
the science of the history of the proletariat.

The College of San Jose is,
"ad majorem Dei gloriam,"
the great Catholic college of the Salvadorean bourgeoisie.

The College of San Jose
included in its sociology program
some aspects of Marxism
(like "health vaccine" and not like "carrier of the disease").

The most backward of the colonized-feudal-bourgeoisie
cry that the College of San Jose is indoctrinating its kids
in communism.

A terrible fuss is being made in the papers and on TV
and the Attorney General of the Republic intervenes
and the President of the Republic in his turn
and they talk of the flag and the fathers of the Republic

y del verdadero cristianismo de la República
tan amorosito y tranquilizante.

Entre tanto barullo y tantas cosas
es bien difícil atinar con completa seguridad,
pero yo me pregunto
¿no será este caso también un síntoma
de que la burguesía quiere robarle al proletariado
hasta el mismo marxismo?

and of the true Christianity of the Republic
so loving and tranquilizing.

With so much confusion and so many things
it's difficult to completely see things clearly
but I ask myself:
Won't this case also be a symptom
of the bourgeoisie's wanting to rob from the proletariat
even Marxism?

Algunas de las Primeras Proposiciones para el Epitafio de Su Excelencia Reverendísimo Monseñor Francisco José Castro y Ramírez, Obispo Titular de la Ciudad de Santiago de María (QDDG) y Más Conocido por el Pueblo (á Quién el Llamaba "Chusma") con el Sobrenombre por Cierto Rotundo de "Sepulcro Blanqueado."

1

"De pocos hombres se puede decir que siguen siendo después de muertos, exactamente lo que fueron en vida."

2

"Toda una forma de ser de la Iglesia murió con él. Pues si hoy, por los cambios litúrgicos y de mentalidad, la Iglesia se define como una institución de cara al pueblo (exactamente como el sacerdote, en la nueva misa) Monseñor Castro Ramírez fue la encarnación prototípica (o sea, nada simbólica) de una Iglesia de culo al pueblo . . ."

3

"Aquí yace quien, honrando la tradición familiar, tuvo más que una vida recta, una vida rectal . . ."

4

"Cuando enterraron a Cristo, era un costal de huesos por las hambreadas y los malos tratos que sufrió. El cadáver de Camilo Torres no echó casi sangre por los hoyos de los

Some of the First Proposals for The Epitaph for His Most Reverend Excellency Monsignor Francisco José Castro Ramirez, Head Bishop of the City of Santiago de Maria (QDDG) and Better Known to the People (Whom He Called "Rabble") by the Definitive Nickname "White-Washed Tomb"

1

"Of few men can it be said that they continue existing after death exactly as they were in life."

2

"A whole part of the being of the Church died with him. So if today, because of changes of liturgy and consciousness, the Church is defined as an institution with its "face to the people" (exactly like the priest in the new mass) Monsignor Castro Ramirez was the prototypical incarnation (that is, in no way symbolic) of a Church with its ass to the people . . ."

3

"Here lies one who, honoring the family tradition, found more than righteous life, found a rectal life . . ."

4

"When they buried Christ, he was a sack of bones due to the starvations and wicked treatments he suffered. The cadaver of Camilo Torres hardly spilled any blood through the holes

balazos ya que estaba anémico y todo tirisiento por los rigores de la vida guerrillera. Caminante que has llegado hasta este cementerio: ¿Podrá alguien relacionar sus nombres con los del colorado panzón que aquí yace, fulminado por la gula por la vía del corazón?"

5

"Fue el último verdadero príncipe de la Iglesia en El Salvador. Menos mal que le sobreviven algunos Bona-partitos, algunos Mussolinitos, algunos Hitlercitos y algunos Cheles Medranos en la Iglesia en El Salvador."

6

"Si San Pedro fue la piedra de fundación eclesial de Dios y Santa Teresa la poesía de Dios y Fray Martín de Porres la escobita de Dios, Monseñor Castro y Ramírez, a juzgar por el tono de sus discursos, fue un pedo malhumorado de Dios."

of his wounds as he was anemic and thoroughly wasted through the rigors of guerrilla life. Traveler, you who've arrived at this cemetery: Can anyone relate their names to that of that smutty fatso who lies here, struck down by a gluttony-attack of the heart?"

5

"He was the last true prince of the Church in El Salvador. Too bad that a few little Bonapartes, a few little Mussolinis, a few little Hitlers, and a few little Chele Medranos are surviving him in the Salvadorean Church."

6

"If St. Peter was the rock of the ecclesiastic foundation of God, and Saint Theresa the poetry of God, and Brother Martin de Porres the little broom of God, Monsignor Castro Ramirez, judging by the tone of his sermons, was an ill-humored fart of God."

HISTORIAS Y POEMAS
CONTRA EL REVISIONISMO
SALVADOREÑO

JUAN ZAPATA

Fue estudiante de Sociología en la Facultad de Ciencias y
Humanidades. Escribe también cuentos cortos. Los poemas
que aquí se presentan, son parte de un libro en preparación.
Nació en San Salvador en 1944, precisamente el 2 de abril.

STORIES AND POEMS AGAINST SALVADOREAN REVISIONISM

JUAN ZAPATA

Was a student of Sociology in the Faculty of Sciences and Humanities. He also writes short stories. The poems presented here are part of a book in preparation. He was born in San Salvador in 1944, on April 2, to be exact.

Maneras de Morir

El Comandante Ernesto Ché Guevara
llamado por los pacifistas
"el gran aventurero de la lucha armada"
fue y aplicó sus concepciones revolucionarias
a Bolivia.
En la prueba se perdió su vida y la de un puñado de héroes.

Los grandes pacifistas de la vía prudente
también probaron sus propias concepciones en Chile:
los muertos pasan ya de 30 mil.

Piense el lector en lo que nos dirían
si pudieran hablarnos de su experiencia
los muertos en nombre de cada concepción.

Ways of Dying

Commander Ernesto Ché Guevara,
called *"the great adventurer of armed struggle"*
by pacifists
went and applied his revolutionary concepts
in Bolivia.
In the act he lost his life and those of a handful of heroes.

The great pacifists of the prudent path
tried out their own concepts in Chile:
the dead now exceed 30 thousand.

Imagine, reader, what they'd tell us
if they could speak of their experience,
those dead in the name of each concept.

Moraleja Sobre el Instrumento

Cuando el picapedrero
ve que se rompe su almágana
antes de construir su labor cotidiana
piensa en tener un instrumento más potente y mejor
y no acusa a la piedra de ser ultraizquierdista
por su forma de existencia resistente y tenaz.

Moral on the Tool

When the stone-cutter
finds his hammer broken
just before beginning his daily work
he thinks about having a better and more powerful tool
and doesn't accuse the stone of being ultra-left
because of its resistant and tenacious nature.

Viejos Comunistas y Guerrilleros

Ha habido en el país buenas personas
dispuestas a morir por la revolución.

Pero la revolución en todas partes necesita personas
que no sólo estén dispuestas a morir
sino también dispuestas a matar por ella.

De aquellas buenas personas el Ché decía:
"Son capaces de morir en las cámaras de tortura
sin soltar una palabra,
pero son incapaces de tomar por asalto
un nido de ametralladoras."

Y es sabido que el enemigo de clase
para defender la explotación no sólo emplea
las cámaras de tortura
sino también nidos de ametralladoras
y muchísimas cosas más por el estilo.

En resumidas cuentas:
sólo aquellos que estén dispuestos a morir y matar
llegarán hasta el final siendo buenas personas
para la revolución.

Porque será por ellas que habrá revolución.

Aunque la revolución termine por ser para
todas las buenas personas.

Old Communists and Guerrillas

There have been good people in the country
willing to die for the revolution.

But everywhere the revolution needs people
not only willing to die
but also willing to kill for it.

Of such good people Ché said:
"They are capable of dying in torture chambers
without uttering a word
but are incapable of taking
a machine gun nest by storm.

And it's known that the class enemy
uses not only torture chambers
to defend exploitation
but machine gun nests as well
and many more things like that.

In short:
only those willing to die and to kill
will end up being good people
for the revolution.

Because it will be because of them that revolution will
happen.
Though the revolution will end up being for all good people.

Epigrama en Imitación de Marcial

Has fustigado, Oh Shafo, en el Foro,
de tus hermanos menores el fervor excesivo,
la falta de experiencia de su juventud, la peligrosa
discrepancia que resquebrajaba la piedra familiar.

Has fustigado, Cónsul, su temeridad
y el riesgo de sus vidas apelaste de inútil.

Pero nada has odiado tanto como su propia sabiduría,
como su edad de la razón.

Epigram in Imitation of Marcial

You have rebuked, oh Shafo, in the forum,
the excessive fervor of your younger brothers,
the total inexperience of their youth, the dangerous
dissent that split the cornerstone.

You have rebuked, Consul, their recklessness
and the risk of their lives you denounced as useless.

But nothing have you despised so much as their very wisdom,
their age of reason.

Consejo que ya no Es Necesario
en Ninguna Parte del Mundo pero
que en El Salvador . . .

No olvides nunca
que los menos fascistas
de entre los fascistas
también son
fascistas.

Advice that is No Longer Necessary Anywhere in the World but Here in El Salvador . . .

Don't ever forget,
that the least fascist
among fascists
also are
fascists.

Cantos para Civiles

"No sé por qué piensas tú
soldado, que te odio yo.
Si somos la misma cosa,
tú y yo."

—*Nicolás Guillén*

Los siguientes poemas son respuestas, en la voz de un gorila, no al hermoso y justo poema de Nicolás Guillén, sino aquellos que lo usan para comunicaciones imposibles, por sobre las enseñanzas de la realidad, madre y maestra de la poesía, trazadora de su eficacia y sus limitaciones.

I

"Si no sabes por qué pienso yo
oh civil que me odias tú
no voy a ser precisamente yo
quien para sacarte de la ignorancia
(o de una falta de percepción
que ganaría el campeonato mundial)
me ponga a confesar
tantos y tantos de mis crímenes
que (palabra de honor) yo daba por conocidos."

II

"Y como dices que tú y yo
somos la misma cosa
yo te digo que está bien que lo digas tú
siempre y cuando no se te suban los humos a la cabeza
siempre y cuando te quedes allí donde te corresponde
sosiego sosiego y sin pispilear.

Songs For Civilians

"I don't know, soldier,
why you think I hate you,
If we're the same,
you and I."

—*Nicolás Guillén*

The following poems are answers, in the voice of a goon, not
to the beautiful and apt poem of Nicolás Guillén, but to those
who use it for impossible communications, over and above the
standards of reality, mother and mistress of poetry, contriver of
its efficacy and limitations.

I

"If you don't know, Civilian,
why I think you hate me
I'm not going to be the one who,·
to draw you out of ignorance,
(or a lack of perception
that would win the world championship)
starts confessing
so very many of my crimes
that (word of honor) I assumed were known."

II

"And as you say you and I
are the same
I say it's good you said that
as long as it doesn't go to your head
as long as you stay where you belong
calm calm and without winking.

Pues aunque tú digas que somos iguales
deberás recordar que habemos
algunos hombres que somos más iguales que los demás
y que tenemos tamaños y suficientes fusiles
para amolar a los que quieran andar de igualados
igualando su igualdad de mierda
con la gran igualdad de los que somos
más iguales que nadie."

III y IV

(Variantes)

¿Que tú y yo, civil, somos la misma cosa?
¡Ahora mismo vas a pagar caro este insulto!

¿Que no sabes por qué yo pienso que tú me odias?
¿No lo sabes o no quieres decirlo?
¡Ahora mismo te voy a refrescar la memoria
con la picana eléctrica en los testículos!

Even though you say we're equal
you should remember there are
some men more equal than others
and that we have size and guns enough
to give hell to those who want to walk as equals
equaling their equality of shit
with the great equality of us who are
more equal than anyone."

III and IV

(Variants)

You and I are the same, Civilian?
You're gonna pay dearly for that insult right now!

You don't know why I think you hate me?
Don't know or don't want to say?
Right now I'll refresh your memory
with this electric prod to your testicles!

Lógica Revi

"Una crítica a la Unión Soviética
sólo la puede hacer un antisoviético.

Una crítica a China
sólo la puede hacer un antichino.

Una crítica al Partido Comunista Salvadoreño
sólo la puede hacer un agente de la CIA.

Una autocrítica equivale al suicidio."

Revi(sionist) Logic

"A criticism of the Soviet Union
can only be made by an anti-Soviet.

A criticism of China
can only be made by an anti-Chinese.

A criticism of the Communist Party of El Salvador
can only be made by a CIA agent.

A self-criticism is equal to suicide."

Entre el Puñal y el Machete

Los ladrones (asaltantes nocturnos) de San Salvador
son con respecto a los serenos (vigilantes nocturnos)
de San Salvador
lo que los tlaxcaltecas fueron
con respecto a los jinetes e infantes españoles
en tiempos de la conquista del territorio pipil:
hombres movidos por la misma causa y por la misma moral
pero que aún no se habían ganado el uniforme
en la única forma en que se ganan esos uniformes:
por suficientes méritos en la lucha contra el pueblo pipil.

Between Dagger and Machete

Robbers (nocturnal attackers) of San Salvador
with respect to night-watchmen (nocturnal vigilantes)
of El Salvador
are what the *Tlaxcaltecas** were
with respect to Spanish horsemen and nobles
in the time of the conquest of the *pipil** territory:
men moved by the same cause and morality
but who still hadn't earned their uniform
in the one way those uniforms are earned:
by sufficient merits in the struggle against the *pipil** people.

Tlaxcaltecas: native nation that inhabited a region close to
modern Mexico City.

* *Pipiles*: The native people that inhabited El Salvador at the time
of the arrival of the Spanish conquerors.

Y Los Sueños, Sueños Son . . .

(1932)

I

SOCORRO ROJO INTERNACIONAL
SECCION DE EL SALVADOR
COMITE EJECUTIVO NACIONAL

(Confidencial y Urgente)

Camarada:

Esperamos que a la hora definitiva no se desanime ni lleve desaliento a las masas. Debe estar convencido de que los Estados Unidos mirarán con buenos ojos la insurrección y la atribuirán a una reacción del araujismo y en consecuencia nos reconocerán inmediatamente una beligerancia que de momento nos es indispensable, mientras tomamos las riendas del poder, que es nuestro objetivo, y después, ya con las armas en la mano y con la ayuda de los camaradas de toda América y en especial la de los camaradas de Estados Unidos, podremos enfrentar cualquier situación desesperada. La lucha es de vida o muerte.

Por las víctimas de la reacción y del imperialismo.
Por el Comité Ejecutivo Nacional.
Ismael Hernández, secretario general.

And Dreams, Are Just Dreams . . .

(1932)

I

INTERNATIONAL RED AID
EL SALVADOR SECTION
NATIONAL EXECUTIVE COMMITTEE

(Confidential and Urgent)

Comrade:

We hope at this definitive hour that you do not become dispirited nor bring discouragement to the masses. You should be assured that the United States will look at the insurrection with benign eyes and attribute it to a reaction to Araujismo and consequently they'll immediately recognize us as a belligerent force (which is indispensable to us at this time) while we seize the reins of power, as is our objective, and then, with weapons in our hands and with the help of comrades from all of America — and especially those of the United States — we'll be able to confront any desperate situation. The struggle is one of life and death.

By the victims of reaction and imperialism.
By the National Executive Committee.
    Ismael Hernández, secretary general.

EL COMITÉ CENTRAL COMO CENTINELA

(Música de fondo: la Banda de Guerra de la Guardia
Nacional toca marchas nazis en la Avenida Independencia,
a la cabeza de un batallón de paracaidistas que marchan a
paso de ganso: chas-chas-chas. En la tribuna presidencial,
los representantes de los capitales bancarios e industriales
que han terminado por fundirse en el corazón de la economía
nacional, corean las melodías con mano derecha sobre el
pecho. La lectura de la denuncia del PCS se sobreimpone,
pero no borra en ningún momento la música, el sonido de
las botas sobre el asfalto, ni el coral financiero).

"Denunciamos
que el gobierno pretende
dar los primeros pasos
en la preparación previa
de lo que podría llegar a ser
si las circunstancias no lo impiden
el inicio
de la apertura
que nos podría llevar al umbral
inaugural
de un posible
aunque no del todo definido
peldaño germinal
sobre el que

THE CENTRAL COMMITTEE AS SENTINEL

(Background music: the military Band of the National Guard
plays Nazi marches on Independence Avenue, at the head of
a battalion of parachutists marching in goose step-chas-chas-
chas. On the presidential rostrum the representatives of
industrial and finance capital, who have ended up converg-
ing at the heart of the national economy, sing the melodies
with their right hand on their chest. The reader of the
denunciation of the Salvadorean Communist Party comes
on, but at no point does his voice erase the music, the sound
of the boots on the asphalt or the financial chorale.)

"We denounce
that the government is seeking
to take the first steps
of preliminary preparation
of what could become
if circumstances do not block it
the beginning of an opening
that could lead us to the inaugural
threshold
of a possible
though not yet completely defined
germinal step
on which

de concurrir todos los elementos
y requisitos necesarios
se construiría
aunque no de manera fatal
la tentativa
naciente
y sin embargo conjurable
de una escalada
eventual pero no seguramente
(y en todo caso sujeta
a las tradiciones nacionales)
más o menos
fascista."

III   (1974)

"Durante el coloniaje español
el bálsamo salvadoreño de la costa de Sonsonate
(que dicen no se produce en ninguna
otra parte del mundo)
era llamado "Bálsamo del Perú"
para engañar a los piratas ingleses y franceses
y lograr que no asaltaran los barcos inermes
que lo llevaban de Acajutla al Callao
de donde salían ya para España
bajo custodia de una flota invencible.

if all the elements
and necessary requisites converge
would be constructed
though not in a final fashion
the nascent
but nevertheless definite
attempt
at an eventual but uncertain
escalation
(and in any case subject
to national traditions)
more or less
fascist."

III   (1974)

"During the Spanish colonial period
Salvadorean balsam from the Sonsonate coast
(which was said to be found in no
other part of the world)
was called "Balsam of Peru"
to fool English and French pirates
and see that they didn't assault defenseless ships
that carried it from Acajutla to Callao
from where they left for Spain
under the custody of an invincible fleet.

¿Quién se atreverá a negar con tal antecedente
que es totalmente posible hoy
bajo el coloniaje norteamericano
que nuestros coroneles y generales
nos hagan una revolución socialista salvadoreña
y que entre ellos y nosotros
engañemos a todos los piratas imperialistas
diciéndoles que no se trata de otra cosa
que de una revolución como la del Perú?

¿No sería incluso posible
que los imperialistas nos enviaran
la protección de su flota?"

Who will dare deny, with such a precedent,
that it is totally possible today
under North American colonialism
for our colonels and generals
to make a Salvadorean socialist revolution for us
and that between them and us
we'll fool all the imperialist pirates
telling them it's nothing more
than a revolution like Peru's?

Wouldn't it even be possible
for the imperialists to send us
the protection of their fleet?"

Parabola a Partir de la Vulcanología Revisionista

El volcán de Izalco,
como volcán,
era ultraizquierdista.
Echaba lava y piedras por la boca
y hacía ruido y hacía temblar,
atentando contra la paz y la tranquilidad.
Hoy es un buen volcán civilizado
que coexistirá pacíficamente
con el Hotel de Montaña del Cerro Verde
y cual podremos ponerle en el hocico
fuegos artificiales como los que echan
los diputados populares.
Volcán para ejecutivos
y hasta para revolucionarios y sindicalistas
que saben quedarse en su lugar y no son calenturientos,
ya no será el símbolo de los locos tonantes guerrilleristas
que son los únicos que añoran sus ex abruptos geológicos
Proletarios respetables y mansos del mundo,
el Comité Central os invita
a aprender la lección que da el volcán de Izalco:
el fuego ha pasado de moda,
¿Por qué habremos entonces de querer llevarlo nosotros
dentro del corazón?

Parable Beginning With Revisionist Vulcanology

The volcano of Izalco
as a volcano
was ultra-left.
It flung lava and rocks out of its mouth
and made noise and shuddering,
committing crimes against peace and tranquility.
Today it's a fine civilized volcano
that will co-exist peacefully
with the Hotel de Montaña del Cerro Verde,
and into whose snout we'll be able to put
fireworks like those
that popular deputies set off.
A volcano for executives
and even for revolutionaries and sindicalists
who know how to keep their place and aren't hot heads
now it will no longer be the symbol for the crazy thundering
guerrillas
who are the only ones who long for its explosive geologies.
Gentle and respectable proletarians of the world,
the Central Committee invites you
to learn the lesson the volcano of Izalco gives:
If the fire has gone out of fashion,
why then should we want to carry it
in our heart?

Ultraizquierdistas

Los pipiles
que no comprendieron la cruz y la cultura más adelantada
y no quisieron agachar la cabeza frente a la Corona de España
y se alzaron en la sierra
con las armas en la mano
contra el conquistador.

Los que durante los 300 años de la Colonia
mantuvieron la llama de la rebelión indígena
y murieron cazados en el monte o en el garrote vil o en la horca
y se negaron a coexistir pacíficamente con el Encomendero
en el seno de las encomiendas y los repartimientos.

Pedro Pablo Castillo y los comuneros de 1814
que expropiaron los fusiles a las autoridades militares de San
                                                    Salvador
y los apuntaron contra los opresores del pueblo.

En cambio
Matías Delgado y los próceres terratenientes de 1821
no fueron ultraizquierdistas
(porque hicieron la Independencia por la vía pacífica
aunque la Independencia fuera más que todo para ellos
y los pobres centroamericanos siguieran allá abajo
explotados, humillados, hambreados, engañados y dependientes

Ultraleftists

The *pipiles*
who didn't understand the cross and more advanced culture
and didn't want to bow down before the Crown of Spain
and rose up in the mountains
with weapons in their hands
against the conquistador.

Those who nourished the flame
of native rebellion for 300 colonial years
and died hunted in the mountains or by the
vile garrot or on the gallows
and refused to peaceably co-exist with the feudal lord
in the bosom of estates and land allotments.

Pedro Pablo Castillo and the *communards* of 1814
who expropriated guns from the San Salvador military
authorities
and aimed them at the oppressors of the people.

On the other hand
Matías Delgado and the illustrious landowners of 1821
were not ultraleftists
(because they won independence by peaceful means
although the Independence was most of all for themselves
and the poor Central Americans remained down below
exploited, humiliated, starved, deceived and dependent

Anastasio Aquino sí lo fue
porque con lanzas de huiscoyol y cañones de palo
sublevó a los nonualcos contra el gobierno central
no tomó el poder porque no supo que había ganado la guerra
después de haber inventado la emboscada
y haber legislado como un marxista de este lado del Lempa
y haber expropiado a los ricos de San Vicente
que habían escondido su oro bajo las enaguas de San José).
Don Chico Morazán también lo fue
y lo fue a nivel centroamericano
Gerardo Barrios
por poco no entra en la colada
si no es que se le ocurre agarrar viaje al frente de las tropas
para ir a Nicaragua
a echar plomo contra los filibusteros gringos de Walker.
De ahí hubo un largo período
en que los revolucionarios salvadoreños
dejaron de ser ultraizquierdistas
y se volvieron tan decentes como burgueses
el ultraizquierdismo desapareció
ante el empuje del conservadurismo burgués
del liberalismo burgués y la Constitución burguesa
de la expropiación burguesa de la tierra común
de la entronización del Dios burgués del café
más omnipotente en lo referido a la República,
que su símbolo de palo y colochos
llamado ni más ni menos que Salvador del Mundo.

Anastasio Aquino was
because with *huiscoyol* lances and cannons of wood
he incited the *Nonualcos* against the central government
(he didn't seize power because he didn't know he'd won the war
after having invented the ambush
and legislated like a Marxist on this side of the Lempa River
and expropriated everything from the San Vicente rich
who'd hidden their gold under the petticoats of Saint Joseph).
Don Chico Morazán also was
and at the Central American level at that.
Gerardo Barrios
almost didn't make it
had it not occurred to him to lead the troops
into Nicaragua
and fire lead at Walker's gringo filibusterers
From that point there was a long period
when Salvadorean revolutionaries
quit being ultraleftists
and became as decent as the bourgeoisie
ultraleftism vanished
before bourgeois conservatism's pressures
along with bourgeois liberalism and the bourgeois constitution
the bourgeois expropriation of the common land
the enthronement of the bourgeois God Coffee
more omnipotent with respect to the Republic
than its symbol of wood and curls
called nothing less than Savior of the World.

Todo iba muy bien
hasta que se apareció ese ultraizquierdista llamado Farabundo Martí
que encabezó un ultraizquierdista Partido Comunista Salvadoreño
en el que militaban un montón de ultraizquierdistas
entre otros Feliciano Ama Timoteo Lúe Chico Sánchez
Vicente Tadeo Alfonso Zapata y Mario Luna.

No pudieron ser ultraizquierdistas hasta el final
porque no tenían con qué
y fueron asesinados en número de treinta mil.
En 1944 hubo otra epidémia de ultraizquierdismo
cuando hasta los militares se contagiaron y se alzaron el 2 de abril
contra el tirano Martínez
con el asentimiento ultraizquierdista de todo el pueblo.

Una huelga nacional ultraizquierdista
terminó con el régimen asesino
en lo que éste se dedicaba a fusilar
a los ultraizquierdistas del 2 de abril.

Uno de ellos fue tan ultraizquierdista y tan poco conciliador
que con un ojo de menos y con los testículos y los huesos
                                                    machacados
le dijo al cura que lo fue a confesar
que no le flaqueaba el espíritu sino tan sólo el cuerpo.
Víctor Manuel Marín era su nombre.

Everything went along very well
until that ultraleftist Farabundo Martí appeared
leading an ultraleftist Salvadorean Communist Party
which had a bunch of militant ultraleftists,
including Feliciano Ama Timoteo Lúe Chico Sánchez
Vicente Tadeo Alfonso Zapata and Mario Luna, among others.

They weren't able to be ultraleftists to the end
because they didn't have the wherewithal
and 30,000 of them were assassinated.
In 1944 there was another epidemic of ultraleftism
when even the military was infected and rose up on April 2nd
against the tyrant Martínez
with the ultraleftist assent of all the people.

A national ultraleftist strike
ended with the assassin regime
dedicated to gunning down
the April 2nd ultraleftists.

One of them was so ultraleftist and uncompromising
that even with one eye gone and crushed bones and testicles
he told the priest who came to hear his confession
that his spirit hadn't failed him, merely his body,
Víctor Manuel Marín was his name.

Ese año hubo además otros dos casos notables
de ultraizquierdismo salvadoreño
uno fue cuando 200 jóvenes armados
entraron por el lado de Ahuachapán provenientes de Guatemala
para tratar de derrocar a Osmín Aguirre
y otro fue cuando el ultraizquierdista Paco Chávez Galeano
se batió a tiros con la policía en el Parque de San Miguelito.

Como la cosa estaba agarrando color de hormiga
los ricos desempolvaron la mejor de las armas
contra el ultraizquierdismo
o sea las elecciones
las elecciones para coexistir en las urnas
donde todos los salvadoreños fueran iguales
o sea donde todos fueran igualmente engañados
con música de fondo de democracia y paz.

Con elecciones y uno que otro golpe de Estado
el ultraizquierdismo fue reducido a la mínima expresión
a pesar de que Castañeda Castro hubo de darle metralla
cada vez que le pareció prudente
y Osorio persecuciones muerte cárceles
(aunque hay que aceptar que hubo ultraizquierdistas
que comprendieron a tiempo las ventajas de coexistir
mediante contundentes argumentos escriturados en cheques
Embajadas Ministerios premios de la lotería becas
casas en la Colonia Centroamérica mujeres guaro).

There were two more notable cases of Salvadorean
ultraleftism that year
one was when 200 armed young men
entered through Ahuachapán coming from Guatemala
attempting to overthrow Osmín Aguirre
and the other was when the ultraleftist Paco Chávez Galeano
traded shots with police in San Miguelito Park.

As the situation was getting black as ants
the rich dusted off the best of weapons
against ultraleftism
that is, elections,
elections so as to co-exist in the ballot boxes
where all Salvadoreans would be equal
that is, where all would be equally deceived
with background music of democracy and peace.

With elections and an occasional coup
ultraleftism was reduced to a minimum expression
in spite of which Castañeda Castro had to use machine-guns
each time it seemed prudent to him
and Osorio, persecutions death prisons
(though it's important to understand there were ultraleftists
who understood the advantages of co-existing
by means of persuasive arguments written on checks,
Embassy posts, Ministry posts, lottery prizes, fellowships,
houses in the Colonia Centroamerica women booze).

Pero y bajo Lemus estaba aquí otra vez
el ultraizquierdismo más necio que una mula
armando la tremolina
y mostrando ultraizquierdistamente
el hambre y la desesperación que inundaban el país
(cada vez que bajan los precios del café
como que todo el mundo se vuelve ultraizquierdista)
hubo manifestaciones ultraizquierdistas y tiros ultraizquierdistas
y bombas ultraizquierdistas y muertos ultraizquierdistas
y además por todas partes cundía el ultraizquierdista ejemplo
de Cuba y de Fidel.

Total que Lemus se vino al suelo
y subió una Junta de Gobierno
que hablaba de ultraizquierdismo pero hasta ahí nomás
y no tenía nada en las manos
para pensar siquiera en ser ultraizquierdista de verdad.
Mientras la Junta hablaba
y el pueblo de nuevo ultraizquierdista pedía armas
la Alianza para el Progreso tomó el poder.
Otra vez había habido un susto grande
y hubo de reforzarse el sistema electoral coexistente
la oposición de su Majestad
las frases reformistas y democratizantes
y se declaró terminada
la era de la explotación del hombre por el hombre.

But now under Lemus it was here again
ultraleftism more stubborn than a mule
stirring up trouble
and ultraleftistly showing
the hunger and desperation inundating the country
(each time coffee prices fall
it's as if all the world's going ultraleftist)
there were ultraleftist demonstrations and ultraleftist shots
and ultraleftist bombs and ultraleftist deaths
and what's more the ultraleftist example of Cuba and Fidel
pervaded everything.

Finally Lemus was toppled
and a government Junta arose
that talked of ultraleftism but that's about all
having nothing in its hand
with which to even imagine they were really ultraleftist
While the Junta blabbed on
(and the people once more ultraleftists begged for arms)
the Alliance for Progress took power.
Once more there'd been a big scare
and it was necessary to reinforce the co-existent electoral system
the opposition to His Majesty
the reformist and democratizing phrases
and the era of exploitation of man by man was declared ended.

Pero de un día para el otro
todo el movimiento obrero organizado de El Salvador
amaneció ultraizquierdista
y organizó una huelga que arrodilló al gobierno de Rivera.

Para colmo de males los maestros se volvieron
                                    ultraizquierdistas
y algunos curas también
y hasta algunos opositores
propiedad hasta entonces del gobierno.

En vista de lo cual el nuevo gobierno
(presidido por un enano ladrón de apellidos Sánchez y
                                    Hernández)
dio dos serios pasos
que son ejemplares para la lucha contra el ultraizquierdismo.

En primer lugar lanzó al pueblo
a que se quitara la calentura peleando contra Honduras.

En segundo lugar apeló
a la organización que se suponía era el corazón de la
                                    ultraizquierda
para que se subordinara al Gobierno de esa gran cruzada
                                    nacional.

El PC se partió en dos ante la situación
la mayoría que aceptó dejar de ser ultraizquierdista
se quedó con el nombre
la minoría que decidió seguir siendo ultraizquierdista
se salió de la carpa encabezada por un panadero
llamado Salvador Cayetano Carpio.

But from one day to the next
the whole workers movement organized in El Salvador
woke up ultraleftist
and organized a strike that brought the government of Rivera
to its knees.

To make matters worse the teachers became ultraleftists
as well as some priests
and even some of the opposition
the property up till then of the government.

In view of which the new government
(presided over by a robber dwarf with the surnames Sánchez
and Hernández)

took two serious steps
that are exemplary for the struggle against ultraleftism.

In the first place he launched the people
into letting off steam fighting Honduras.

In the second place he appealed to the organization
supposed to be the heart of the ultraleft
to subordinate itself to the government in
this great national crusade.

The CP split in two in the face of the situation
the majority who accepted ceased to be ultraleftists
while keeping the name,
the minority who decided to continue being ultraleftists
left the tent led by a baker
named Salvador Cayetano Carpio.

Después surgieron dos organizaciones
ultraizquierdistas
las Fuerzas Populares de Liberación "Farabundo Martí"
y el Ejército Revolucionario del Pueblo "ERP"
con el propósito de que en adelante
los verdaderos ultraizquierdistas salvadoreños
tengan con qué carajos ser ultraizquierdistas hasta el final
o sea hasta tomar el poder
tan ultraizquierdistamente como sea necesario en este país
dominado por la ultraderecha.

O sea que se trata de ser ultraizquierdistas eficaces
y no sólo ejemplares ultraizquierdistas derrotados
como los pipiles y Pedro Pablo Castillo y Anastasio Aquino
y Gerardo Barrios que terminó fusilado por los Dueñas
y los muertos del 32 y los invasores de Ahuachapán
y Paco Chávez y el montón de caídos del pueblo
bajo Castaneda Osorio Lemus El Directorio Julión Rivera
Sánchez Hernández y el bandido actual.

En un país como el nuestro
donde todo está cerca y concentrado
donde el amontonamiento histórico es tan denso
el ultraizquierdismo que no se quede en palabras
y tenga con qué ser ultraizquierdista en los hechos
irá siempre más hondo
calando en el corazón popular
que sigue estando en la ultraizquierda del pecho.

Afterward two ultraleftist organizations rose up
the Popular Forces of Liberation—"Farabundo Marti"—
and the Revolutionary Army of the People—"ERP"—
with the intention that in the future
the authentic Salvadorean ultraleftists
would have what they damn well need, to be ultraleftists
                                                    to the end

that is, until the seizure of power
as ultraleftistly as necessary in this country
dominated by the ultraright.

That is, it's a question of being effective ultraleftists
and not just exemplary defeated ultraleftists
like the *Pipiles* and Pedro Castillo and Anastasio Aquino
and Gerardo Barrios who ended up executed by the Dueñas
and the dead of '32 and the invaders of Ahuachapán
and Paco Chávez and the heaps of people fallen
under Castaneda Osorio Lemus Director Julión Rivera
Sánchez Hernández and the current bandit.

In a land like ours
where everything's at hand and concentrated
where the historical accumulation is so dense,
ultraleftism that doesn't stop at words
and has the wherewithal to be ultraleftist in deeds
will always go deeper
penetrating the popular heart
that still beats on in the ultraleft of the chest.

Huiscoyol: Tropical miniature coconut-like shrub, the solid and
straight stems of which are used for a variety of purposes.
Nonualcos: Native people who inhabit central El Salvador.

POEMAS PARA VIVIR PENSANDOLO BIEN

LUIS LUNA

Estudió arquitectura y posteriormente sociología. Ha publicado poemas en revistas estudiantiles e independientes de Venezuela, Perú y Estados Unidos. Escribe también cuentos y ensayos políticos y literarios. Terminó un ensayo sobre la nueva narrativa latinoamericana posterior al boom. Nació en Sonsonate en 1947.

POEMS TO LIVE THINKING CAREFULLY ABOUT

LUIS LUNA

Studied architecture and later, sociology. Has published poems in student and independent journals in Venezuela, Peru and the United States. Also writes stories and essays, both political and literary. Finished an essay on the new Latin American narrative subsequent to the boom (of that genre). Born in Sonsonate in 1947.

Cartita

Queridos filósofos,
queridos sociólogos progresistas,
queridos sicólogos sociales:
no jodan tanto con la enajenación
aquí donde lo más jodido
es la nación ajena.

Little Letter

Dear philosophers,
dear progressive sociologists,
dear social psychologists,
don't fuck around with alienation
when here the most fucked up
is the other nation.

La Jauria

Fray Ricardo Fuentes Castellanos
Nando
Dr. Salvador G. Aguilar
Monseñor Francisco Castro y Ramírez
René Barón Ferrufino
Dr. José Luis Salcedo Gallegos
Dr. Sidney Mazzini
Serafín Quiteño
Dr. Ricardo Joaquín Peralta
Lic. Anita Ramos
y demás paranóicos
homosexuales
cornudos
sádico-masoquistas
halitosos
pícaros puros y simples
dipsómanos
o tataratas a su favor:
los necesarios corifeos de fondo
los de segunda fila
los que necesitan aullar más
los chacales furiosos
acechando salivosamente
todo progreso

Los publicadores estan en desacuerdo con el actitud expresada hacia los homosexuales en este poema. Sin embargo, el mismo forma parte de la obra completa, y expresa la perspectiva del autor en esa época—una perspectiva abierta a la lucha. Nosotros creemos que la visión de un mundo libre de opresión por la cual Roque Dalton vivió, luchó, y murió, debe incluir la liberación de los homosexuales.

The Pack Of Hounds

Bros. Ricardo Fuentes Castellanos
Nando
Dr. Salvador G. Aguilar
Monsignor Francisco Castro Ramírez
René Barón Ferrufino
Dr. José Luis Salcedo Gallegos
Dr. Sidney Mazzini
Serafín Quiteño
Dr. Ricardo Joaquín Peralta
Anita Ramos, B.A.
and other paranoids
homosexuals
cuckolds
sado-masochists
bad-breaths
pure and simple hustlers
dipsomaniacs
or old biddies in their favor;
the necessary background chorus
those of second rank
those who need to yelp more
furious jackals
salivatingly lying in ambush
for all progress

The publishers disagree with the attitude towards gay people expressed in this poem; yet the poem is part of the whole work, and expresses Dalton's perspective at the time—a perspective always open to struggle. We believe that the vision of a world free of oppression that Roque Dalton lived, fought and died for must include the liberation of gay people.

Dos Poemas sobre Buses Urbanos

No existe la opinión pública:
existe la opinión de clase.

I

La augusta dama de la clase media
con los ojos en blanco pone el grito en el cielo:
"¿Cómo no va a hundirse—dice—un país
cuyos hombres permanecen sentados en las camionetas
y no ofrecen su asiento a las señoras decentes?"

Un estudiante de Humanidades se explica a media voz:
"no es que yo tenga la última palabra en el asunto
(desde un punto de vista mínimamente objetivo)
pero las camionetas en El Salvador
son un factor importante
en la elevación del índice nacional de claustrófobos."

El Doctor Odontólogo, Abogado Profesional se consuela
pensando en que lo mejor de los buses
está en la comprobación que hacemos
cuando montamos en ellos por una necesidad casual
(y nunca repetible en el mismo año)
de lo lúcidos que fuimos cuando compramos el Ford Maverick.

¿Y qué dice al respecto el militante comunista
(que ha cedido velozmente su asiento a la señora
que patetizó al principio de este poema)?

Two Poems on Urban Buses

Public opinion doesn't count:
class opinion is what counts.

I

The august dame of the middle class
shouts to the heavens with blank eyes,
"How can a country not collapse—she says—
when its men remain seated
and don't give their seats to decent women?"

A Humanities student expounds in a whisper,
"Not that I've the last word on the subject
(coming from a slightly objective point of view)
but the micro-buses in El Salvador
are an important factor
in the elevation of the national index of claustrophobics."

The Dentist, the Professional Lawyer console themselves
thinking that the good thing about buses
is the verification we make
on boarding them for a casual necessity
(never repeated in the same year)
of how bright we were when we bought a Ford Maverick.

And what says the militant communist
(who's quickly given up his seat to the woman
who complained at the beginning of this poem)?

Dice: "con sólo construir un tren subterráneo
igualitito al de Moscú
se arreglarán todos los problemas del transporte urbano
en San Salvador como en todo lugar."

Don Francisco de Sola desde la amplia ventana
donde todo autobús se mira muy cerca del horizonte
dicta a su secretaria en el sentido de que no tiene opinión
alguna sobre el problema que se perfila en este poema
y nos invita a comprender que en el fondo
toda opinión suya muy fácilmente toma el carácter de una
                                                    inversión
y ya se sabe el cuidado que todos debemos tener en materia de
                                                    finanzas.

El obrero friolento que hace su largo tirón cotidiano
hacia la fábrica japonesa Industrias Unidas S.A. llamada
                                                    IUSA,
piensa que lo principal dentro de todo lo que se relaciona
con el bus concreto en que viaja
es el hecho de que esta semana aumentó el valor del pasaje
de diez centavos a quince centavos.

PROLEMATIZACION DE LA MATERIA FACTICA
DEL POEMA ANTERIOR: a Quién, entre los personajes
de dicho poema, le sirvirán (en el sentido de otorgarle mayor
eficacia social-vital) los siguientes elementos:

a) el dato de que el autobús en referencia es propiedad de un
monopolio norteamericano que se usa como "propietario
nacional" u "hombre de paja" al coronel Mario Guerrero.

b) la consigna: "Organización, para luchar por los proble-
mas fundamentales del pueblo."

He declares: "By simply constructing a subway
like the one in Moscow
all problems of urban transport in El Salvador,
like anywhere else, will be resolved."

Don Francisco de Sola from his spacious window
where all the buses can be seen on the horizon
dictates to his secretary with a sense of remaining neutral
something on the problem outlined in this poem
and invites us to understand that in the end
his every opinion very easily assumes the character of an
                                                    investment
and we all know the care we must devote to financial matters.

The cold worker who makes his long daily haul
toward the Japanese factory United Industries Inc. called
                                                    IUSA
thinks that the principle within which everything is related
to the specific bus he's riding
is the fact that this week the fare was raised
from ten to fifteen cents.

PROBLEM OF THE FACTUAL MATERIAL OF THE
FOREGOING POEM: to whom, among the persons of said
poem, the following elements (in the sense of granting
maximum socially-active efficacy) will serve:

a) the fact that the bus in question is the property of a North
American monopoly that uses Colonel Mario Guerrero as
"National owner" or "straw-man"

b) the slogan: "Organization, in order to struggle to solve
fundamental problems of the people."

c) el conocimiento de que los buses son inflamables, sobre todo si se les ayuda con una mezcla de gasolina y aceite en el interior de una botella arrojadiza y dotada de una mecha de trapo encendida con oportunidad.

II
MARXISMO ELEMENTAL

Será idealista quien defina a un bus como un vehículo automotor dotado de asientos para transportar pasajeros.

Será materialista quien se niegue a definir al bus en general y aclare en su definición que todo depende de si se trata de un bus en el sistema capitalista o de un bus en el sistema socialista. Y de ahí pase a definir el bus en el sistema capitalista como un vehículo automotor dotado de asientos para transportar pasajeros, que sirve para que el propietario obtenga beneficios económicos en forma de ganancias y a partir de la explotación de los usuarios y de los trabajadores que mantienen funcionando dicho bus.

La prueba de que la definición del materialista es la correcta se dá en la práctica; madre de la verdad: en el sistema capitalista, salvo alguna excepción que confirmaría la regla general, un bus que no produce ganancias a su propietario deja de transportar lo que transportaba en menos que canta un gallo.

Este ejemplo no sólo tiende a justificar la reacción popular contra los buses (incendios, asaltos, rupturas de asientos, etc.) que hemos visto en San Salvador y algunas ciudades del interior del país en los últimos días (ya que tal reacción es moralmente válida aunque sea sólo porque al pueblo se le

c) The understanding that buses are inflammable especially if helped by a mixture of gasoline and oil inside a thrown bottle endowed with a rag fuse lit for the occasion.

II
ELEMENTAL MARXISM

He is an idealist who defines a bus as an automotive vehicle endowed with seats for transporting passengers.

He is a materialist who refuses to define a bus in general and explains in his definition that everything depends on whether it's a question of a bus in a capitalist sysem or a bus in a socialist system. From there one comes to define the bus in the capitalist system as an automotive vehicle endowed with seats for transporting passengers; which serves so that its owner will obtain economic benefits in the form of profits from the exploitation of the bus-users and workers who maintain the functioning of said bus.

The proof that the definition of the materialist is correct is shown by practice, mother of truth: in the capitalist system, save some exceptions that confirm the general rule, a bus that doesn't produce profits for its owner stops carrying what it was carrying quicker than a rooster crows.

This example not only tends to justify popular reaction against buses (fires, assaults, ripped seats, etc.) seen in San Salvador and some cities in the interior of the country in recent days (and that such reaction is morally valid although

han definido los buses con la definición idealista, lo cual constituye una estafa), sino que asimismo atiende al carácter desnaturalizador que el capitalismo ejerce sobre las cosas y sus usos humanos.

it is only because the people have defined buses by means of the idealist definition, which constitutes a swindle) but likewise attests to the denaturalizing effect that capitalism has on things and their human uses.

Sobre Modernas Ciencias Aplicadas

La ecología es el eco
producido por el estruendo
con que el capitalismo destruye el mundo.

Pues, independientemente de lo que diga la Universidad,
la ecología más que una ciencia es
un discreto velo, un ungüento lubricante y,
en el mejor de los casos,
una aspirina científico-técnica.

De su validez y eficacia puede decirse
que mientras la destrucción capitalista
siga produciendo ganancias a los dueños del mundo
y sea más importante que la conservación ambiental,
la única posibilidad de ser importante
que tiene la ecología
es seguir siendo un negocio.

On Modern Applied Sciences

Ecology is the echo
produced by the noise
with which capitalism is destroying the world.

So, independent of what the University says,
ecology is more than a science is
a discreet veil, a lubricating ointment and,
in the best of cases,
a scientific-technical aspirin.

Of its validity and efficacy it can be said
that while capitalist destruction
continues producing profits for the owners of the world
and is more important than environmental conservation,
the only possibility ecology has
for being important
is to continue being a business.

El Salvador, País con Corazón

Claro que un poco decapitado.
Y (según el gobierno de Molina
y la oligarquía)
sin estómago.

El Salvador, Country With a Heart

Clearly a little beheaded.
And (according to the Molina government
and the oligarchy)
without stomach.

Las Nuevas Escuelas

En la Grecia antigua
Aristóteles enseñaba filosofía a sus discípulos
mientras caminaban por un gran patio.

Por eso su escuela se llamaba "de los peripatéticos."

Los poetas combatientes
somos más peripatéticos que aquellos peripatéticos de Aristóteles
porque aprendemos la filosofía y la poesía del pueblo,
mientras caminamos
por las ciudades y las montañas de nuestro país.

The New Schools

In ancient Greece
Aristotle taught philosophy to his disciples
while they walked around a large courtyard.

For this reason his school was called "the peripatetic."

Fighting poets
are more peripatetic than those Aristotelian peripatetics
because we learn the philosophy and poetry of the people,
while traveling
through the cities and mountains of our land.

Las Rimas en la Historia Nacional

Rimas salvadoreñas antes de 1972:

El que fue a Sevilla perdió su silla
hartáte un huevo con mantequilla
porque aquí viene don Pancho Villa
con sus dos putas a la orilla
me cojo a tu tía
simplemente María
chiquilla
mía.

Rimas salvadoreñas después de 1972:

El que fue a Sevilla perdió su silla
guerrilla, guerrilla, guerrilla
guerrilla, guerrilla, guerrilla, guerrilla
guerrilla, guerrilla, guerrilla, guerrilla, guerrilla

Rhymes On National History

Salvadorean rhymes before 1972:

He lost his seat on the way to Sevilla
stuff an egg with butter to eat
because here comes Don Pancho Villa
with his two whores by his side
I picked up your auntie Maria

Salvadorean rhymes after 1972:

He lost his seat on the way to Sevilla
guerrilla, guerrilla, guerrilla
guerrilla, guerrilla, guerrilla, guerrilla
guerrilla, guerrilla, guerrilla, guerrilla, guerrilla

Solo el Inicio

Una mi amiga medio poetisa
definía así el lamento
de los intelectuales de la clase media:

"Soy prisionero de la burguesía:
no puedo salir de mí mismo."
Y el maishtro Bertolt Brecht,
comunista, dramaturgo y poeta alemán
(en ese orden) escribió:
"¿Qué es el asalto a un Banco
comparado con el crímen
de la fundación de un Banco?"

De lo cual yo concluyo
que si para salir de sí mismo
un intelectual de la clase media
asalta un Banco,
no habrá hecho hasta entonces
sino ganar cien años de perdón.

Only the Beginning

One of my somewhat poetic friends
defined the lament of
middle-class intellectuals thusly:

*"I'm a prisoner of the bourgeoisie:
I can't get out of myself."*
And teacher Bertolt Brecht,
communist, German playwright and poet
(in that order) wrote:
*"What's a bank robbery
compared with the crime
of the establishment of a bank?"*

From which I conclude
that if to get out of himself
a middle-class intellectual
robs a bank,
he'll have done something then
to earn a hundred years of pardon.

La Certeza
(Sobre una idea de V. G.)

Después de cuatro horas de tortura, el Apache y los otros dos cuilios le echaron un balde de agua al reo para despertarlo y le dijeron: "Manda a decir el Coronel que te va a dar un chance de salvar la vida. Si adivinás quién de nosotros tiene un ojo de vidrio, te dejaremos de torturar." Después de pasear su mirada sobre los rostros de sus verdugos, el reo señaló a uno de ellos: El suyo. Su ojo derecho es de vidrio."

Y los cuilios asombrados dijeron: "Te salvaste! pero ¿cómo has podido adivinarlo? Todos tus cheros fallaron, porque el ojo es americano, es decir, perfecto." "Muy sencillo—dijo el reo, sintiendo que le venía otra vez el desmayo—fue el único ojo que no me miró con odio."

Desde luego, lo siguieron torturando.

The Certainty
(On an idea of V.G.)

After four hours of torture, the Apache and the other two cops threw a bucket of water at the prisoner to wake him up and said: "The Colonel has ordered us to tell you you're to be given a chance to save your skin. If you guess which of us has a glass eye, you'll be spared torture." After passing his gaze over the faces of his executioners, the prisoner pointed to one of them: "His. His right eye is glass."

And the astonished cops said, "You're saved! But how did you guess? All your buddies missed because the eye is American, that is, perfect." "Very simple," said the prisoner, feeling he was going to faint again, "it was the only eye that looked at me without hatred."

Of course they continued torturing him.

Hitler Mazzini: Comparación entre Chile en 1974 y El Salvador en 1932

No me extraña que calumnien
a la Honorable Junta Militar de Chile.

Los comunistas son así.

Dicen que en unos cuatro meses
los militares han matado
a más de ochenta mil chilenos.

Eso es una exageración
pues la pruebas concretas
dicen que los muertos no pasan
de unos cuarenta mil.

Así fue con lo de El Salvador en 1932.
Los comunistas dicen que el General Martínez
mató en menos de un mes
a más de treinta mil guanacos.
Eso es una exageración:
los muertos comprobados no pasaron de veinte mil.

Los demás
fueron considerados desaparecidos.

Hitler Mazzini: Comparison Between
Chile in 1974 and El Salvador in 1932

It doesn't surprise me that they slander
the Honorable Military Junta of Chile.

Communists are like that.

They say that in four months
the military killed
more than eighty thousand Chileans.

That's an exaggeration
since the real facts
are the dead didn't exceed
some forty thousand.

It was the same in El Salvador in 1932.
The communists say that General Martínez
killed more than thirty thousand *guanacos* *
in less than a month.
That's an exaggeration:
the verified dead didn't exceed twenty thousand.

The rest
were considered missing.

* *Guanacos*: Nickname given to Salvadoreans in Central America.

La Violencia Aquí

A *José David Escobar Galindo,*
"Perra de Hielo"

En El Salvador la violencia no será tan sólo
la partera de la Historia.

Será también la mamá del niño-pueblo,
para decirlo con una figura
apartada por completo de todo paternalismo.

Y como hay que ver la casa pobre
la clase de barrio marginal
donde ha nacido y vive el niño-pueblo
esta activa mamá deberá ser también
la lavandera de la Historia
la aplanchadora de la Historia
la que busca el pan nuestro de cada día
de la Historia
la fiera que defiende el nido de sus cachorros
y no sólo la barrendera de la Historia
sino también el Tren de Aseo de la Historia
y el chofer de bulldozer de la Historia.

Porque si no
el niño-pueblo seguirá chulón
apuñaleado por los ladrones más condecorados
ahogado por tanta basura y tanta mierda
en esta patria totalmente a orillas del Acelhuate
sin poder echar abajo el gran barrio-fuerteza cuzcatleco
sin poder aplanarle de una vez las cuestas y los baches
y dejar listo el espacio

The Violence Here

To José David Escobar Galindo,
"Bitch of Ice"

Violence will not only be the midwife
of History in El Salvador.

It will also be the mother of a child-people,
to say it in an image
totally separated from all paternalism.

And as you've got to see the poor house
the class of the marginal barrio
where the child-people were born and live
that active mother must also be
the laundress of History
the ironess of History
who goes looking for our bread every day
of History
the wild beast who defends her brood of whelps
not simply the dustwoman of History
but also the garbage truck of History
and the driver of the bulldozer of History.

Because if not
the child-people will continue naked
stabbed by the most decorated crooks
smothered by so much garbage and shit
in this land totally on the banks of the *Acelhaute* •
without being able to throw down the big barrio-fortress *Cuzcatleco* •
without being able to finally smooth the slopes and ruts
and leave enough space

para que vengan los albañiles y los carpinteros
a parar las nuevas casas.

for masons and carpenters to come
and ready the new houses.

Acelhaute: Creek that winds through San Salvador and the outskirts of which are crowded with the poorest inhabitants of the city.
Cuzcatleco: From Cuzcatlan, name given to their kingdom by the native inhabitants of the valley where San Salvador was later built by Spaniards. Term used to refer to Salvadoreans.

Sobre el Poema Anterior

El "intolerable revisionismo de Marx"
no está en el poema anterior
sino en la cabeza de quienes no creen
que la violencia sea
la partera de la Historia
y mucho menos la mamá del niño-pueblo
sino por el contrario una cosa mala
que ciertos revoltosos del barrio
le quieren enseñar al cipote
sin pensar en los líos
que todo ésto nos va a traer con la Policía y la Guardia
que hasta van a echar al papá
del empleíto que tiene en el Gobierno
y se acabuche los frijolitos fáciles
y la tranquilidad

On the Previous Poem

The "intolerable Marxist revisionism"
isn't in the previous poem
but in the heads of those who don't believe
that violence is the midwife of History
let alone the mother of the child-people
but on the contrary an evil thing
that certain barrio rabblerousers
want to teach the kids
without thinking of the mess
all this is going to get us in with the cops and the Guard
and that they'll even throw daddy out
of his little government job
and that's all, folks, for easy beans
and tranquility

Proposición

La propiedad privada, efectivamente,
más que propiedad privada
es propiedad privadora.

Y la "libre empresa" tiene presa a la Patria.

Salvemos a la propiedad
y hagamos libre de verdad a la empresa
convirtiéndolas en propiedad y empresa de todos.

De todos los de la Patria.

Proposition

Private property, in effect,
more than private
is property that deprives.

And "free enterprise" holds the Nation hostage.

Let's save property
and make enterprise truly free
converting them into property and enterprise for all.

For all the Nation.

Reparto de Cosa Ajena
en el Mercado de los Ladrones

Nos han dicho que el Poder Ejecutivo
es el Primer Poder
y que ese Poder Legislativo que se reparten
un grupo de sinvergüenzas fraccionado en "Gobierno" y
                                        "Oposición"
es el Segundo Poder
y que la prostituida (pero siempre Honorable)
Corte Suprema de Justicia
es el Tercer Poder.

La prensa y la radio y la TV de los ricos
se autonombran el Cuarto Poder y desde luego
marchan tomadas de la mano con los primeros tres poderes.

Ahora nos salen con que la juventud nuevaolera
es el Quinto Poder.

Y nos aseguran que por sobre todas las cosas y todos los poderes
está el Gran Poder de Dios.

"Ya están todos los poderes repartidos
—nos dicen a manera de conclusión—
no hay ya poder para nadie más
y si alguien opina lo contrario
para eso está el Ejército y la Guardia Nacional."

Distribution of People's Property
In the Thieves' Market

They've told us that the Executive Power
is the First Power
and that the Legislative Power, which was divided up by
a bunch of crooks, fractioned off into "government" and
                                            "opposition"
is the Second Power
and that the prostituted (but ever Honorable)
Supreme Court of Justice
is the Third Power.

The newspapers, radio, and TV of the rich
have designated themselves the Fourth Power and of course
march hand in hand with the first three powers.

Now they tell us that the new wave youth
is the Fifth Power.

And they assure us that above all things and powers
is the Great Power of God.

"Now that all the powers are apportioned
— they tell us in a manner of finality—
there's no power left for anyone else
and if anybody thinks differently
that's what the army and National Guard are for."

Moralejas:

1.) El capitalismo es un gran mercado de poderes
donde sólo comercian los ladrones
y es mortal hablar del verdadero dueño
del único poder: el pueblo.

2.) Para que el verdadero dueño del Poder
tenga en sus manos lo que le pertenece
no deberá tan sólo echar a los ladrones del Templo Comercial
porque se reorganizarían en los alrededores:
por el contrario, deberá derribar
el mercado sobre las cabezas de los mercaderes.

Morals:
1) Capitalism is a big market of powers
where only thieves do business
and it's fatal to speak of the genuine owner
of the real power: the people.

2) In order that the genuine owner of power
has in his hands what belongs to him
it will be necessary not simply to boot the thieves
out of the Commercial Temple
because they'd reorganize in the suburbs;
on the contrary, the market has to be brought down
on the heads of the merchants.

Usted y el Oro y lo que Les Espera

En el capitalismo se miente al decir:
"Cuídese, usted vale oro."
Porque en el capitalismo valen oro
solamente los dueños del oro.

En la construcción del socialismo
ya no se miente y se dice:
"Usted vale más que el oro, pero
hay que cuidar
el oro de la propiedad social,
las divisas son importantes."

Sólo en el comunismo se podrá decir:
"Usted vale lo que vale usted.
El oro no tiene que ver en nada con lo que vale usted."

El oro en el comunismo sólo vale
por el valor de uso que le den
todos los trabajadores y ciudadanos
por ejemplo en odontología
en decoración
o en adornos para el cuello
o las orejas de las muchachas.

You and Gold and What Awaits You

In capitalism it's a lie to say:
"Take care, you're worth your weight in gold."
Because in capitalism only the owners
of gold are worth their weight in gold.

In the construction of socialism
one no longer lies and it can be said:
"You're worth more than gold, but
it's necessary to take care of
the gold of social property,
Foreign exchange is important."

Only in communism can it be said:
"You're worth what you're worth.
Gold has nothing to do with what you're worth."

In communism gold only has value
through the use workers and citizens
give it,
for example in dentistry
in decoration
or in adorning the necks
or ears of girls.

Profecía sobre los Profetas

A N. Viera Altamirano y herederos,
a la familia Dutriz, a la familia Pinto.

Puesto que la palabra debía ser
como la mujer en el momento del amor
como lo que verdaderamente entregamos
en el momento de la muerte
(cuando se ilustra una manera de ser que es fuente de vida
el restablecimiento de la pureza
la gran construcción del descubrimiento)
los profetas tendrán que colocarse aquí
para ser juzgados
cada uno
esperando su turno de pasar al espejo
para apelar ante el gran coro de víctimas.

Ay entonces del grito
que no se emitió para dolerse de los hermanos
sino para corromper sus oídos al tiempo
que se loaba a su enemigo
ay entonces de la frivolidad
con que se apoyó la vigencia del becerro de oro
ay entonces de las mariposerías
con que se puso cortapisas
a la identificación y al ajusticiamiento del hambre
ay del traslado del crimen hacia los hombros de los débiles
ay de las complicidades ay de las delaciones
ay de los servilismos
ay de los soplos al oído del verdugo
ay de las tolerancias
ay de las mentiras matutinas y vespertinas

Prophecy on Prophets

To N. Viera Altamirano and heirs,
to the Dutriz family, to the Pinto family.

Since the word should be
like a woman at the moment of love
like what we truly surrender
at the moment of death
(when a way of being is revealed that is the fountain of life
the restoration of purity
the great construction of discovery)
prophets will have to put themselves here
to be judged
each one
waiting his turn to pass before the mirror
to appeal to the great chorus of victims.

Woe then to the cry
not emitted as pity for their brothers
but to corrupt their ears at the same time
as it bragged to their enemy
woe then to the frivolity
that supported the law of the golden calf
woe then to the inconsistencies that imposed conditions
on the identification and execution of hunger
woe to the transfer of crime to the shoulders of the weak
woe to the complicities woe to denunciations
woe to servility
woe to betrayals in the ear of the executioner
woe to indulgences
woe to lies from morning to night.

Porque toda esa miasma se derramó
sobre la inocencia del pueblo
sobre su blanco candor caído del cielo
de gran desalojado del paraíso
y no habrá rueda de molino suficientemente aplastante
para las cabezas de sus envenenadores
de quienes quemaron con perfume las pupilas de sus
                                                            centinelas
de quienes rompieron sus tímpanos
con gritos de loras sobrevivientes de la experiencia de Jericó.

Ni de los vivos ni de los muertos
habrá perdón para ese uso de la palabra.
El inocente gigante justiciero
despertará de su ensordecimiento
abrirá sus profundos ojos anegados por los profetas
y los fulminará en sus propios asientos enraizados
a la derecha del Amo desenmascarado
para los siglos de los siglos
para nunca jamás.

Because all this miasma spilled out
on the innocence of the people
on their white sincerity fallen from heaven
in the great eviction from paradise
and there won't be a sufficiently crushing millstone
for the heads of their poisoners
of those who burned with perfume the pupils of their sentries
of those who broke their eardrums
with cries of parrots survivors of the experience of Jericho

From neither the living nor the dead
will there be pardon for that use of the word.
The just and innocent giant
will awaken from his deafness
will open his deep eyes flooded by the prophets
and will strike them from their own seats rooted
at the right hand of the Lord unmasked
for centuries upon centuries
for ever and ever.

Acta

En nombre de quienes lavan ropa ajena
(y expulsan de la blancura la mugre ajena)

En nombre de quienes cuidan hijos ajenos
(y venden su fuerza de trabajo
en forma de amor maternal y humillaciones)

En nombre de quienes habitan en vivienda ajena
(que ya no es vientre amable sino una tumba o cárcel)

En nombre de quienes comen mendrugos ajenos
(y aún los mastican con sentimiento de ladrón)

En nombre de quienes viven en un país ajeno
(las casas y las fábricas y los comercios
y las calles y las ciudades y los pueblos
y los ríos y los lagos y los volcanes y los montes
son siempre de otros
y por eso está allí la policía y la guardia
cuidándolos contra nosotros)

En nombre de quienes lo único que tienen
es hambre explotación enfermedades
sed de justicia y de agua
persecuciones condenas
soledad abandono opresión muerte

Yo acuso a la propiedad privada
de privarnos de todo.

Act

In the name of those washing others' clothes
(and cleansing others' filth from the whiteness)

In the name of those caring for others' children
(and selling their labor power
in the form of maternal love and humiliations)

In the name of those living in another's house
(which isn't even a kind belly but a tomb or a jail)

In the name of those eating others' crumbs
(and chewing them still with the feeling of a thief)

In the name of those living on others' land
(the houses and factories and shops
streets cities and towns
rivers lakes volcanoes and mountains
always belong to others
and that's why the cops and the guards are there
guarding them against us)

In the name of those who have nothing but
hunger exploitation disease
a thirst for justice and water
persecutions and condemnations
loneliness abandonment oppression and death

I accuse private property
of depriving us of everything.

Podría Ser

Para los burgueses
la patria las leyes el honor y Dios
no tienen sentido sin
la propiedad privada y la "libre empresa."

Para los proletarios
la muerte de la propiedad privada
y de la "libre empresa"
daría sentido a la Patria las leyes el honor
y tal vez hasta a Dios.

It Could Be

For the bourgeoisie
country, laws, honor and God
have no meaning without
private property and "free enterprise."

For the proletarians
the death of private property
and "free enterprise"
would give meaning to country, laws, honor
and perhaps even to God.

En el Futuro

Cuando nuestra sociedad sea
básicamente justa
o sea
socialista
en las conversaciones de las cervecerías
a la hora de las confesiones íntimas;
más de alguno dirá con la mirada baja
"yo tuve propiedad privada sobre medios de producción"
como cuando hoy decimos
"yo tuve sífilis"
"yo tuve tendencias aberradas en lo sexual."

In the Future

When our society is
basically just
that is
socialist
in the conversations in saloons
at the moment of intimate confession
more than a few will say with down-cast eyes,
"I held private property based on the means of production"
like when they say today
"I had syphillis"
"I had tendencies toward sexual aberrations."

Encuentro con un Viejo Poeta

Ayer vine a toparme cara a cara
con el hombre que antes que nadie aplaudió mi poesía.

El fue el responsable de que mis versos
encontraran el cauce de los periódicos y las editoriales
y de que se comenzara a hablar de ellos
en forma que parecía necesitar una iniciación.

Ayer vine a toparme cara a cara con él
muy cerca de los mercados pestíferos
(supongo que él dejaba su oficina e iba a casa)

Yo venía sonriendo para mí mismo
porque unos minutos antes todo había salido bien
y no hubo necesidad para nosotros
de usar las armas.

El palideció bajo la luz roja de neón (una proeza)
y buscó la otra acera como quien repentinamente tiene sed.

Meeting With An Old Poet

Yesterday I happened to bump face-to-face into
the man who applauded my poetry before anyone else.

He was the one responsible for my verses
finding the channels of periodicals and publishers
through which they began to be spoken of
as something that deserved a start.

Yesterday I happened to bump into him face-to-face
very close to the noxious markets
(I guess he was leaving his office on the way home)

I was coming along smiling to myself
because a few minutes before everything had gone well
and there was no need for us
to use weapons.

He turned pale under the red neon light (quite a feat)
and headed for the other side of the street like one who's
                                        suddenly thirsty.

Pasa un Camión

Leo en el costado de un camión que pasa
cargado a reventar de soldados:
"Fuerza Armada de El Salvador."

Si es verdad que es fuerza
¿por qué necesita estar armada?

¿O es que su única fuerza
es la de estar armada?

¿O es que el término "armada"
es la adjetivación del verbo armar o ensamblar
que corrientemente usamos
al referirnos a las refrigeradoras Westinghouse
a los televisores RCA
y a otros tantos aparatos
que los norteamericanos
arman en sus instalaciones locales
con mano de obra barata?

Passing Truck

I read on the side of a passing truck
filled to bursting with soldiers:
"Armed Forces of El Salvador."

If it's true it's force
why the need to be armed?

Or is it that its only strength
is that of being armed?

Or is it that the term "armed"
is the adjectivization of the verb to arm or to assemble
currently in use
when we refer to Westinghouse refrigerators
RCA televisions
and so many other appliances
that North Americans
assemble in their local
cheap labor installations?

La Pequeña Burguesía
(Sobre una de sus manifestaciones)

Los que
en el mejor de los casos
quieren hacer la revolución
para la Historia para la lógica
para la ciencia y la naturaleza
para los libros del próximo año o el futuro
para ganar la discusión e incluso
para salir por fin en los diarios
y no simplemente
para eliminar el hambre
de los que tienen hambre
para eliminar la explotación de los explotados.

Es natural entonces
que en la práctica revolucionaria
cedan sólo ante el juicio de la Historia
de la moral el humanismo la lógica y las ciencias
los libros y los periódicos
y se nieguen a conceder la última palabra
a los hambrientos a los explotados
que tienen su propia historia de horror
su propia lógica implacable
y tendrán sus propios libros
su propia ciencia
naturaleza
y futuro

The Petit Bourgeoisie
(about one of its manifestations)

Those who
in the best of cases
want to make the revolution
for History for Logic
for Science and nature
for next year's or future books
for discourse and even for
getting into the newspapers
and not simply
to eliminate the hunger
of those who are hungry
and the exploitation of the exploited.

So it's natural
that in revolutionary practice
they give up their books and magazines
only in the face of the judgement of History,
morality, humanism, logic and science,
and refuse to give the last word
to the hungry and exploited
who have their own history of horror
their own implacable logic
and who will have their own books
their own science
nature
and future

La Gran Burguesía

Los que producen el aguardiente
y luego dicen que no hay que aumentar el sueldo
a los campesinos
porque todo se lo van a gastar en aguardiente.

Los que en la vida familiar
hablan exclusivamente en inglés
entre cuadros de Dubuffet y cristales de Bohemia
y fotografías tamaño natural
de yeguas traídas de Kentucky y de Viena
y nos cobran diariamente en sudor y sangre
su doloroso despertar cotidiano
en este país de indios sucios
tan lejos de New York y París.

Los que han comprendido que Cristo
si se miran bien las cosas
fue realmente el Anticristo
(por todo eso de amaos los unos a los otros
sin distinguir entre los pelados y la gente decente
y ésto de los cristianos primitivos conspirando
en la complicidad de las catacumbas
y de la agitación contra el Imperio Romano
y el pez tan parecido al martillo y la hoz)
y que el verdadero Cristo nació en este siglo
y se llamó Adolfo Hitler.

Los que votan en El Salvador
por el Presidente electo de los Estados Unidos.

The Bourgeoisie

Those who produce liquor
and then say it's not necessary to increase the salary
of the peasants
because they're going to spend it all on booze.

Those who speak with their families
exclusively in English
amidst Dubuffet paintings and Bohemian crystal
life-size photographs
of mares brought back from Kentucky and Vienna
and charge us daily in sweat and blood
for their painful routine awakening
in this land of dirty Indians
so far from New York and Paris.

Those who've understood, that if one looks
deep enough, Christ
was really the Antichrist
(for all that stuff about loving one another,
without distinguishing between the penniless and the decent
and all this stuff about those primitive Christians conspiring
in the complicity of catacombs
and about the agitation against Imperial Rome
and the fish so like the hammer and sickle)
and that the true Christ was born in this century
and was named Adolf Hitler.

Those who vote in El Salvador
for the president-elect of the United States.

Los que propician la miseria y la desnutrición
que produce a los tísicos y a los ciegos
y luego construyen
hospitales tisiológicos y centros de rehabilitación de ciegos
para poderlos explotar
a pesar de la tuberculosis y la ceguera.

Los que no tienen patria ni nación aquí
sin sólo una finca
que limita al noroeste con Guatemala al Norte con Honduras
al Sureste con el Golfo de Fonseca y Nicaragua
y al Sur con el Océano Pacífico
en la cual finca los americanos han venido
a montar algunas fábricas
y en donde poco a poco han ido surgiendo
ciudades pueblos villas y cantones
llenas de brutos que trabajan
y de brutos armados hasta los dientes que no trabajan
pero mantienen en su puesto
a los brutos que trabajan.

Los que dicen a los médicos y a los abogados y a los arquitectos
y a los agrónomos y a los economistas y a los ingenieros
que quien a buen palo se arrima buena sombra lo cobija
y que hay que hacer cada año Códigos Penales más drásticos
y hoteles y casinos iguales a los de Miami
y planes quinquenales iguales a los de Puerto Rico
y operaciones civilizadoras
consistentes en eliminarles la mancha azul del culo
a los distinguidos señores y señoras
y regadíos que llevan la poquita agua de todos
exclusivamente hacia la tierra donde crece

Those who propagate misery and malnutrition
producing tuberculosis and blindness
and then build
tuberculosis hospitals and rehabilitation centers for the blind
to be able to exploit them
in spite of tuberculosis and blindness.

Those who have neither homeland nor nation here
but only real estate
bounded in the northeast by Guatemala in the north by Honduras
in the southeast by the Gulf of Fonseca and Nicaragua
and in the south by the Pacific Ocean
to which real estate Americans have come
to build some factories
and in which little by little
cities, villages, villas and hamlets have grown
full of working brutes
and brutes armed to the teeth who don't work
but keep the working brutes
in their place.

Those who tell doctors and lawyers and architects
agronomists economists and engineers
that if you hang around power it will rub off on you
and that every year there must be more drastic Penal Codes
and hotels and casinos like those in Miami
and five-year plans like those for Puerto Rico
and civilizing operations
consistent with eliminating the blue mark on the asses
of distinguished ladies and gentlemen
and irrigation canals to carry the little bit of water there is
exclusively to the land where that power resides

ese buen palo que tan buena sombra dá
sobre todo a quienes no están profesionalmente dispuestos
a dar vela en el entierro a tanto jediondo y a tanto descalzo.

Los que para tener libertad de prensa
y derechos constitucionales
compararon diarios y radios y plantas de TV
con todo y periodistas y locutores y camarógrafos
y compraron la constitución política con todo y
Asamblea Legislativa y Corte Supreme de Justicia.
Los que para dormir seguros
no pagan al sereno de la cuadra o del barrio
sino directamente al Estado Mayor Conjunto
de las Fuerzas Armadas.
Los que
efectivamente
tienen todo que perder.

that's so good to be around,
above all to those not professionally disposed
to take a stand in favor of so many stinking and barefoot ones.

Those who, to have freedom of the press
and constitutional rights,
bought newspapers radios and TV stations
including journalists broadcasters and camera people
and bought the political constitution
with the Legislative Assembly and the Supreme Court of Justice
thrown in.

Those who, in order to sleep safely,
don't pay the nightwatchman of the block
but directly pay the Joint Chiefs of Staff
of the Armed Forces.
Those who
in effect
have everything to lose.

Historia de una Poética

Para E. S.

Puesiesque esta era una vez un pueta
de aquí del país
que no era ni bello ni malo como Satanás
(como él soñaba que era)
sino mero feyhito y pechito y retebuena gente
que a puras cachas hacía el tiempo para escribir
entre sus estudios de Teneduría de Libros
y su trabajo en los Juzgados.

El pueta nacional amaba a la justicia y a las muchachas
(tal vez un poquito más a las muchachas que a la justicia)
(pero eso no es tan pior si uno no sabe
el talle que tiene la justicia por estos lares)
y sábado a sábado hacía sonetos al pueblo
al futuro que vendrá
y a la libertad para tirios y troyanos
todo ello ya con la mirada llameante
después de haber llamado pan al maíz
y vino al guaro.
Así fue su vida y su obra
de las que se hablaba en las tertulias de "La Masacuata"
y que hasta llegaron a despertar
un comentario benevolente de Roberto Armijo.

Un día sucedió que subió hasta las nubes el precio del papel:
y tanto en los Juzgados como en la Academia
le racionaron implacablemente las hojas al pueta
a fin de que no las desperdiciara en nada que no fuera
su tétrico trabajo judicial y su aprendizaje contable.

History of a Poet

For E. S.

So there was once upon a time a poet
here in the country
who was neither beautiful nor evil like Satan
(as he dreamed he was)
but merely a little ugly skinnymalink and supercool guy
who barely had time for writing
what with his studies in Bookkeeping
and his job at the courthouse.

The national poet loved justice and girls
(maybe girls a little more than justice)
(but that's not so bad if one knows
the weight justice pulls around these parts)
and Saturday after Saturday he wrote sonnets for the people
about the future that will come
and liberty for Tyrians and Trojans
all that with a blazing look
after having nicknamed bread, maize
and wine, *guaro.* *
Such were his life and his work
of which he spoke in his raps in the journal "La Masacuata"
which even moved Roberto Armijo
to a benevolent commentary.

One day it happened that the price of paper soared to the clouds:
and in the courthouse as in the Academy
they implacably rationed sheets to the poet
so that he wouldn't waste them on anything that wasn't
his gloomy judicial work and his accounting apprenticeship.

El Pueta echó de ver clarito
y para más señas en un día de la semana bastante alejado del
sábado
que en el fondo de todo había un atentado contra la poesía
que no se podía quedar así
por mucho y que el gobierno hablara del alza del petróleo.

Fue entonces que comenzó a escribir en los muros
con su mero puño y letra
en los tapiales y en las paredes
y en los grandes cartelones de las propagandas.
No le fue level el cambio
muy por el contrario
al principio
cayó en profundas crisis de concepción creadora.

Es que en los tapiales no lucían bien los sonetos
y frases que antes le embriagaban como
"oh sándalo abismal, miel de los musgos"
se miraban todas cheretas en las paredes descascaradas.

Además los serenos y los orejas
y los cuilios y los Guardias Nacionales
de todas maneras se lo iban a encumbrar
(si es que no lo venadeaban de entrada)
aunque lo que pintara en los muros fueran versos como
"fulge, lámpara pálida, tu rostro entre mis brazos"
o
"yo te libé la luz de la mejilla"
o
"no hay Dios ni hijo de Dios sin desarrollo."

The poet saw very clearly
and to put it more plainly one day far enough away from
                                        Saturday in the week
saw that there was a plot against poetry underneath it all
that it couldn't be left that way
no matter what the government had to say about the high
                                        price of oil.

It was then he began to write on walls
in his own hand
on garden walls and house walls
and on the big billboard advertisements.
The change wasn't easy for him
on the contrary rather
in the beginning
he fell into a profound crisis of creative conception.

What happened is that the sonnets didn't look good on
                                        garden walls
and phrases that earlier had made him giddy, like
"Oh abysmal sandal, honey of the mosses"
all looked shitty on the peeling walls.

Moreover nightwatchmen and informers
and cops and the National Guard
were going to bust him anyway
(if they didn't shoot him at the start)
even though what he painted on the walls were verses like
"glow, pale lamp, your face between my hands"
or
"I slipped the light from your cheek"
or
"there is no God nor Son of God without development."

De ahí que el pueta agarrara vara de una vez
y se metiera a la guerrilla urbana
(ERP: Sección de Propaganda y Agitación de
la Dirección Nacional)
para quien ahora pinta en los muros
cuestiones como éstas:
"viva la guerrilla"
"lucha armada hoy—socialismo mañana"
"ERP."
Y si alguien dice que esta historia es
esquemática y sectaria
y que el poema que la cuenta es una
tremenda babosada ya que falla
"precisamente en la magnificación de las motivaciones"
que vaya y coma mierda
porque la historia y el poema
no son más que la puritita verdá.

It was just then that the poet once and for all wised up
and involved himself in the urban guerrilla
(ERP: Committee of Propaganda and Agitation of the
                                    National Directorate)
for which he now paints on walls
statements like these:
"Viva la Guerrilla"
"Armed Struggle Today—Socialism Tomorrow"
"ERP."
And if anyone says this story is
sketchy and sectarian
and the poem that tells it is
bullshit since it fails
"precisely in the magnification of the motivations"
let him eat shit
because the story and the poem
are nothing but the quintessential truth.

El Salvador Será

El Salvador será un lindo
(y sin exagerar) serio país
cuando la clase obrera y el campesinado
los fertilicen lo peinen lo talqueen
le curen la goma histórica
lo adecenten lo reconstituyan
y lo echen a andar.

El problema es que hoy El Salvador
tiene como mil puyas y cien mil desniveles
quinimil callos y algunas postemillas
cánceres cáscaras caspas shuquedades
llagas fracturas trembladeras tufos

Habrá que darle un poco de machete
lija torno aguarrás penicilina
baños de asiento besos pólvora.

El Salvador Will Be

El Salvador will be a pretty
and (without exaggeration) serious country
when working class and peasantry
fertilize and comb and talc it
cure the historical hangover
clean it up reconstruct it
and get it going.

The problem is that today El Salvador
has a thousand rough edges and a hundred thousand pitfalls
about five hundred thousand calluses and some blisters
cancers rashes dandruff filthiness
ulcers fractures fevers bad odors

You have to round it off with a little machete
sandpaper lathe turpentine penicillin
sitz-baths kisses and gunpowder.